医药代表销售突围

鄢圣安 著

中华工商联合出版社

图书在版编目（CIP）数据

医药代表销售突围：药店、诊所开发与维护上量宝典 / 鄢圣安著. -- 北京：中华工商联合出版社，2023.5
ISBN 978-7-5158-3637-9

Ⅰ.①医… Ⅱ.①鄢… Ⅲ.①药品 – 市场营销学 ②医疗器械 – 市场营销学 Ⅳ.①F763

中国国家版本馆CIP数据核字（2023）第058126号

医药代表销售突围：药店、诊所开发与维护上量宝典

作　　者：	鄢圣安
出品人：	刘　刚
责任编辑：	于建廷　效慧辉
装帧设计：	周　源
责任审读：	傅德华
责任印制：	迈致红
出版发行：	中华工商联合出版社有限责任公司
印　　刷：	北京毅峰迅捷印刷有限公司
版　　次：	2023年6月第1版
印　　次：	2023年6月第1次印刷
开　　本：	710mm×1000mm 1/16
字　　数：	240千字
印　　张：	15.25
书　　号：	ISBN 978-7-5158-3637-9
定　　价：	78.00元

服务热线：010-58301130-0（前台）
销售热线：010-58301132（发行部）
　　　　　010-58302977（网络部）
　　　　　010-58302837（馆配部）
　　　　　010-58302813（团购部）
地址邮编：北京市西城区西环广场A座
　　　　　19-20层，100044
http://www.chgslcbs.cn
投稿热线：010-58302907（总编室）
投稿邮箱：1621239583@qq.com

工商联版图书
版权所有　侵权必究

凡本社图书出现印装质量问题，请与印务部联系。

联系电话：010-58302915

推 荐

听过鄢圣安老师的课，第一印象就是生动诙谐，理论与实践"荤素"都来。读鄢老师的书，第一感觉就是认定作者是做过销售的，销售的辛酸苦辣是经历过的，是在被客户"痛苦折磨"之后的"觉悟"和"绝地反击"。对一个销售人员而言，鄢老师的书一定会对你有所启发并引起你的共鸣，从你"似曾相识"的经历中归纳提炼出规律，用以指导实践，至少会让你少掉几次坑……

红云制药飞云岭事业部总经理　马承曙

"爱，是一切成就的开始！""坚持，是一切成就的伴随！"这两句话用在鄢老师身上是淋漓尽致的体现！

在医药 OTC 营销领域，鄢老师无论是带领团队做产品、培训授业解惑，还是出书惠泽同业……从理论、专业、实战等诸多方面，他在业内都是有口皆碑的！

我这位从事医药行业咨询培训近 20 年的人，挖掘、合作过的 OTC 行业翘楚不下百人，但能如鄢老师般将其在 OTC 领域浸润多年的理论、经验和案例如此系统性地进行归纳、整理、升华的，亦不多见！

鄢老师这本能够让 OTC 同业在零售营销场景中提升自我能力的著作，值得细细品味！这是 OTC 行业之福，是 OTC 同业之福，真诚地希望每位医药人都能从中受益。

——信诺必拓医疗管理咨询（北京）有限公司　任晓

从事医药营销培训多年，我历来评判一本书好坏的标准无外乎"看得懂、想得明、用得上"九个字。看得懂，是说这本书通俗易懂且引人入胜；想得明，是说这本书能引导读者思考，且有所感悟；用得上，是形容这本书具备较强的实战指导作用。

鄢老师的这本书，凝聚了其多年医药营销的经验和感悟，概括了一个医药人从基层逐步成长为OTC医药代表全过程所需具备的职业心态、专业知识、实操技能和团队管理知识。这本书可作为医药OTC职业人的实操工具书。

——资深医药人　四海点睛　戴世海

当前，OTC市场工商端都面临着内卷化日趋严重的现状，同样甚至更多的销售或促销动作却不能带来以前的效果，跳出同质化工作达成销售结果是大家追求的目标。本书从十二个维度详尽地告诉大家，一个零售市场的一线销售人员应该具备或者熟知的技能、内容、方法和知识。

OTC市场的销售是辛苦的，没有捷径，但有方法。如果你是一个零售市场的销售代表、主管或者经理，推荐大家阅读鄢圣安老师的这本实战销售书，相信它会带给你一些启发和帮助。

远大医药（中国）有限公司　销售公司三事业部总经理助理
全国医学总监　江志坚

在我刚入行的时候，翻阅了很多营销方面的相关书籍，由于医药行业的特殊性，很多知识在特定工作情境下无法应用，直到现在读到这本书，让我感慨相见恨晚。坦率地讲，我见过很多优秀的销售管理者，能力一流，但是既能实战又能把宝贵的经验转化为文字并出版的人，非常少。本书贵在朴实，真实地还原了很多业务场景，很容易将读者带入真实场景，并能够真正应用于实战中。

种子咨询（北京）有限公司总经理　富英杰

/ 推荐 /

　　与鄢圣安老师认识4年多了，每年都会邀请鄢老师给团队做内训，培训人数从第一年的不到100人到今年的500余人，他是我们利民众康最受欢迎的老师！鄢老师可以把枯燥的业务理论知识还原到现实生活中，授课风格诙谐幽默且接地气，能和听众产生同频共鸣！这得益于鄢老师强大的业务功底。鄢老师深耕一线多年，从他的职业生涯和平时的工作轨迹都能看到其大多数时间都在基层一线和业务员、客户在一起。这是他区别于我们很多所谓的理论专家最有价值的地方。他的课程不是空中楼阁般不可触及，而是市场最真实的问题和解决之道。

　　读完这本书，我深感鄢老师看待问题之透彻、思维之敏锐。本书涵盖了销售思维能力，销售心理学，销售说服能力，销售谈判能力，销售自我管理能力，项目控制能力，新战略营销，互联网下的医药行业趋势变化。本书从多个维度去分析阐述，我们在品牌、产品、服务日趋同质化下如何异军突起，如何突围当下困境，提升自己的专业能力，提高自己的竞争力去帮助客户创造并实现价值。本书将线下、线上相结合，落地可执行性强，非常经典。我觉得这本书就是医药零售市场销售经理的操作手册；是销售主管的培训教案；感谢鄢老师为我们这个行业的发展所做出的贡献！

四川华孜药业有限公司　董事长　陈德明

导 读

医药行业政策变化加上新冠病毒感染疫情的突发，致使医药行业的发展形势大变。不管是医院市场的集采、国谈、（疾病）诊断相关分类（DRGs）等政策变化对OTC市场的影响，还是OTC市场本身受药店连锁率越来越高、医保严管、诊所对输液的严管、中医药的兴起、互联网对医药市场批发和零售端等的影响，都让整个医药零售市场发生了很大变化，药企销售的难度越来越大，勤奋和服务好变成标配。如何肯干、能干、巧干，是我们在目前的医药形势下成为卓越医药代表所需要思考的问题。

本书最大的特点是什么？全面、实战、实效。

全面，是指本书涵盖了药店和诊所两个基层板块的内容，甚至可以延展到院外。本书涵盖了终端开发与维护上量的全流程，既可以作为销售代表的销售手册，也可以作为主管经理的培训教材。

实战，是指根据我的一线销售和操盘经验进行的总结，都是大家熟悉的业务场景。

实效，是指使用本书中的技巧，能够快速见到效果。为什么？因为本书既讲干货，也讲底层逻辑。大家爱听干货，可是有些销售同仁应用的效果并不好。为什么？因为同一句话，我跟客户讲他信了，你讲客户就不信。为什么？因为人说话的语气、表情不同，你给客户的印象和人设不一样，结果自然不一样。虽然底层逻辑不一样，但是大家掌握了提炼出来的规律和方法，运用的效果受其他因素的影响就会小。本书提到了3F成交法、爱达成交法、麦凯66、心理学影响力、FORM沟通法、FFC赞美法等。

第一章，主要讲职业规划。

第二章，主要讲做好业务的基本素养和能力。

第三章至第十章讲具体的终端开发与维护，包含具体的开发方法、谈判流程、终端拜访、陈列、培训、维价、客情建设动销方法等。

第十一章简述医药互联网的发展趋势。

大家既可以按照顺序来阅读，也可以根据所需直接选择感兴趣的内容进行跳跃式阅读。

本书能够出版，要感谢广大粉丝的支持，感谢这些年来培训课堂上学员的支持，因为你们的私信和提问，让我有了更多的思考和素材，也让内容更加完善。

感谢药企领导的点拨和销售培训老师的交流，借鉴了很多大家的观点和方法，让本书的内容更加丰富全面。

感谢编辑老师、排版、校对，让大家有更好的阅读体验。

尽管我尽了最大的努力，但是学识、经验有限，书中难免有不尽如人意的地方，希望大家包涵，一起交流成长进步。

最后，祝愿大家在本书中找到方法，解决实战中的问题。

鄢圣安

2022 年 6 月

目　录

♻ 第一章　医药人的职业规划
第一节　基层销售代表的发展路径 / 002
第二节　什么样的公司值得追随 / 006
第三节　成长晋级的路上要注意什么 / 008

♻ 第二章　终端代表的"三态""三动"和"七力"
第一节　"三态"：心态、状态、态度 / 012
第二节　"三动"：主动、行动、感动 / 021
第三节　"七力"：忍耐力、沟通力、控制力、观察力、分析力、学习力、执行力 / 022

♻ 第三章　陌生拜访前的准备
第一节　知己知彼：知产品、知流程、知政策、知服务、知竞品 / 032
第二节　知市场：单体药店、连锁药店、民营诊所 / 041
第三节　做好五个心态准备 / 050
第四节　做好物料和道具准备 / 052
第五节　做好形象准备 / 055
第六节　28个常见问题话术 / 057

♻ 第四章　终端客户开发方法（上）
第一节　八个客户来源 / 066

第二节　谈判找对关键人 / 069
第三节　陌生拜访，负责人不在怎么办 / 071
第四节　终端客户开发谈判八步骤（上） / 073
第五节　终端客户开发谈判八步骤（下） / 086

第五章　终端客户开发方法（下）
第一节　二次跟踪，提高成交率 / 096
第二节　老客户新品开发的十个思路 / 099
第三节　铺货原则：保质保量 / 104
第四节　三种经典实用的成交法则 / 106

第六章　终端有拜访才有销量
第一节　终端拜访存在的七个问题 / 120
第二节　为什么要做好终端拜访工作 / 123
第三节　做好拜访前的规划 / 126
第四节　看货、订货、压货、维价技巧 / 129

第七章　终端陈列：位置决定销量
第一节　为什么要重视陈列工作 / 144
第二节　怎么做陈列更有效 / 146
第三节　如何占领好的药店陈列位置 / 148
第四节　诊所陈列这么做 / 151
第五节　陈列的六大奥秘 / 152
第六节　陈列的日常维护 / 155

第八章　终端培训：让店员明明白白地推
第一节　销售人员对终端培训的误区 / 158
第二节　终端培训的作用 / 160

第三节　产品培训前的知识储备和技能储备 / 161

第四节　线下培训——一对一店员培训 / 162

第五节　线下培训——贴柜培训 / 164

第六节　线下培训——集中化培训 / 166

第七节　线上培训的四种形式 / 167

第八节　店员培训操作要点 / 168

第九节　终端诊所医生的培训 / 169

第十节　如何保障培训的效果 / 170

第九章　终端客情建设：客情=销量

第一节　正确认识客情关系 / 174

第二节　你跟客户是客情还是交情 / 176

第三节　评估客情的三个指标 / 177

第四节　如何让客户记住你 / 181

第五节　和客户愉快地聊天 / 183

第六节　利益共享，实现捆绑 / 185

第七节　客情从赞美开始 / 186

第八节　和客户一样关心他的生意 / 189

第九节　处理矛盾，促进客情 / 190

第十节　货款回收技巧 / 191

第十章　终端动销：用销售促进合作

第一节　产品动销来源的两条线 / 196

第二节　终端动销是多因一果 / 198

第三节　动销活动的设计与执行 / 201

第四节　门店促销活动开展 / 207

第五节　会议营销——学术会与圆桌会 / 213

第六节　医生处方上量八个阶段的销售策略 / 217

003

第七节　通过数据分析提高销量 / 219
第八节　如何发现新的动销方法 / 223

第十一章　医药互联网：创造价值、服务患者

第一节　医药互联网的发展概况 / 226
第二节　B2C 和 O2O 渠道购药的区别 / 227
第三节　新零售动销的注意事项 / 228
第四节　医药互联网的未来 / 230

第一章

医药人的职业规划

第一节　基层销售代表的发展路径

即使你买了这本书，翻开了第一页，你还是在想：

这个卖药的活儿还能不能干？

还能不能挣钱？

还能干多久？

为什么现在都不好干了？

我该如何转型？

未来这碗饭该怎么吃？

难道一辈子就做个县总、OTC代表？我的未来在哪里？

……

其实，从2019年开始，医药销售行业就进入了一个新时期，传统的野蛮式打法（各种形式的压货）不再奏效，加上受新冠病毒感染疫情的影响，终端生意不好，再加上受医药互联网的影响，价格透明化，信息差越来越小，传统的卖药方式（压货+消费者促销）越来越难，所以想挣快钱、挣懒钱的人渐渐地离开了这个行业。

说到底，是大家没有做好自己的职业规划。因为没有规划，自己往哪条路上走不清晰，换到别的行业，最后发现别的行业也难干。其实，难干的不是医药行业或者别的行业，而是你自己。你不会游泳，总是换游泳池也是徒劳。

做销售只看业绩，凭业绩说话，是改变自己命运最快的方式。

医药终端销售的职业规划怎么做，或者说未来的路在哪里？

1. 营销路线

OTC 代表→OTC 主管→OTC 经理→省区经理/区域合伙人/事业部经理/分线经理→营销副总（股东）。

在这条路线中，从"OTC 代表"（县总）到"OTC 主管"（地总）的过程中，不仅需要提升销售技巧，还需要提升管理技能。从销售精英到销售管理者的转变，对很多人来说是一个难点。

从"OTC 主管"到"OTC 经理"的转变中，不仅要求提升 OTC 代表的能力，更要求 OTC 经理要有简单的市场策划能力，如产品策划、市场营销活动策划、业务员的绩效考核、规章管理制度的建立、团队的管理等都是 OTC 经理必须具备的能力。

如果你把某一个区域做好做透了，有自己的团队，就有可能成为该公司的区域合伙人，你的资本是终端客户资源和团队成员，你也可能成为事业部经理；你的公司可能根据公司的发展情况，成立事业部自负盈亏；公司也有可能进行精细化管理、分线操作。简单来说，就是你专门负责单店、连锁店、诊所中的某一条线分得更细致的时候，可能连锁店分为百强连锁店和中小连锁店，诊所分为城市诊所或者基层医疗，这跟公司规划有很大的关系。

2. 培训路线

OTC 代表→培训讲师→培训经理→市场部经理/自由培训师→营销副总。

在终端医药销售的形势下，即终端对药品专业化的要求越来越高，产品专员或者推广专员越来越重要。如果有当培训师的想法，就可以在这条道路上有所突破。结合我们专业的药品知识，加上从基层代表干起的销售经验，了解终端客户和终端店员的想法，培训就会更接近实践。

我也是从 OTC 代表做起，从给店员培训开始做起，后来给自己的销售团队做培训，再后来因为写实战文章和实战图书而被广大药界朋友所熟知，从而走上了培训的道路，又通过培训结识了药业的董事长获得操盘的机会。

当然，这个活不是你想干就能干好的，必须愿意学习产品知识，有一定的表达能力和写作能力，这样才能在这条路上走下去。

另外，也不一定是有了这些能力才去干，我们可以在平日的工作中积累、练习，通过培训和自我学习去争取机会。

3. 跨界路线

OTC 代表→OTC 经理→药房管理者/大健康产业。

因为在销售过程中会经常接触药店、诊所，所以有机会成为他们的管理者和合伙人。例如，广西百色的一个朋友之前是做修正唯达宁的地总，后来成了连锁药店的合伙人。

4. 自主创业路线

这条路线主要有三大方向：

第一大方向是继续做医药销售。在资源丰富的条件下，个人作为首席问题官（CSO）进行产品代理、推广或者推广外包。

一个地（县）总把自己的一亩三分地耕好，守好地盘，至少保证过上小康生活没问题，做医药销售比起干别的活，还是容易赚钱的。

把自己的一亩三分地搞好了，也可以往地总、省总上晋升，拓宽自己的眼界和认知，事业也可以更上一层楼。

第二大方向是自己开药房。跑业务，只要留心并用心。我们见过太多经营得好或者经营得不好的药房案例，把经营得好的药房的长处记下来为自己开药房做准备。说到底，我们还要干好手头的活，为以后的发展做铺垫。其实，有很多地（县）总和药店合伙开药房，或者独自开药房的例子。

第三大方向是往培训方向转。自己成立培训公司或者培训工作要自己开办或者承接外包培训服务，这也不失是一种活法。把自己跑药过程中真真实实的案例和经验总结出来，找机会分享给大家，让新入行的朋友借鉴。

看到这里，不知道你对未来的规划清晰了没有，不管选择什么道路，都需要做好当下的工作，做好铺垫和积累。

俗话说："没有规划的人生叫拼图，有规划的人生叫蓝图；没有目标的人生叫流浪，有目标的人生叫航行。"

想好自己想过什么样的生活，想走什么样的道路，这样才有可能在这个行业有动荡、销售困难的时候坚持下去。

【案例】

OTC代表也能成为董事长或总裁

2022年1月10日晚，东阿阿胶接连披露两则公告，宣布新的人事任命，高登锋担任公司董事会董事长、程杰被任命为公司总裁。

接任董事长一职的则是现任东阿阿胶股份有限公司党委书记、总裁高登锋，程杰则接任总裁的职务。

接棒的高登锋，1995年9月在东阿阿胶参加工作，历任东阿阿胶销售代表、销售主管、办事处经理、市场部经理/总监等职务，在东阿阿胶任职20多年，十分熟悉东阿阿胶的内部状况及外部市场环境，拥有丰富的营销专业经验。

值得一提的是，本次接任公司总裁一职的程杰同样在营销岗位磨砺多年。

履历显示，程杰于2003年9月加入华润三九，历任华润三九OTC终端代表、处方药管理专员、产品助理、产品专员、助理经理、999感冒灵产品经理、产品总监、OTC销售市场部总监、营销中心副总经理、专业品牌事业部党总支书记、总经理，澳诺（中国）制药有限公司党支部书记、执行董事，三九赛诺菲（深圳）健康产业有限公司董事、总经理。

要在医药行业取得成就，选择一个好的平台坚持下去，在不同的岗位历练，终有一天会成功。我们发现很多优秀的职业经理人，都是从基层销售做起，都在基层有过历练。

第二节　什么样的公司值得追随

1. 公司实力雄厚，经营稳定

简单地说，公司基本合法经营，三天两头被飞检，隔三差五地被收回 GSP 或者 GMP 证书，这样的公司没办法长期经营下去。在当下的 GSP 和 GMP 飞检常态化的环境下，一个经营稳定的公司对我们的工作非常重要。

2. 有晋升的机会

最怕的事情是在一个企业可以望到头，望到 5 年甚至 10 年后的自己。我们不能永远干销售代表，也不可能永远有机会晋升，但公司要有明确的晋升通道。比如都是销售代表，公司可以将其分为初级代表、中级代表、高级代表，用底薪或者福利待遇的方式鼓励大家好好工作。

3. 愿意给予试错的机会

要进步，就有可能犯错，但是给予试错机会的平台并不多。如果领导让你这样自由发挥，给你机会，你一定要珍惜，能给你这种机会的平台真的不多。这些试错的机会才是让你真正成长的机会，是真正锻炼你的机会。一个企业能否容忍失败、鼓励创新，也是我们要看重的条件之一。

4. 给予培训和学习的机会

在这个世界上，只有父母和公司对我们的教育是不求回报的。父母从来没有说过好好学习，长大后挣钱给父母花。另外就是企业，也许你明天就有可能不在公司干了，但公司今天依然花钱来培养你。但是很多销售人员似乎不领公司的情，找各种理由不参加学习，好像自己很聪明，其实是失去了学习和提升的机会。

5. 公司管理制度完善

你千万别以为没人管你是占了大便宜。我想说的是：如果任由你自己干，没有人管你，说实话这是你最大的不幸。因为没有人管你，你难以成长；因为没有人管你，你就没有了归属感；因为没有人管你，你人性中的懒惰就会暴露出来，最终害了自己。我觉得，在任何时候人都应该像风筝一样有一根线牵着，或有一根线压着自己，这样才不至于迷失方向。

6. 良好的团队氛围

有一个良好的团队，便于自己销售技巧的提升，大家可以相互交流、相互促进。如果在一个负能量的团队中，天天尔虞我诈，挣不了钱还人心惶惶，在这样的团队中，想干得长久或者有大的发展，是非常难的。

一方面，我们一定不要做团队中负能量的人，因为这样的人是团队的毒瘤，这样的毒瘤一定会被清除掉的。

另一方面，我们要客观地看待他人的负面信息，不要随波逐流，时刻提醒自己想要的究竟是什么，不要迷失在无聊的办公室的"斗争"中。

第三节 成长晋级的路上要注意什么

1. 业绩是生命线、护身符

我们存在的价值就是能够创造价值，尽可能地提高销售业绩。

2. 管好自己，管好客户，管好上级

管好自己，就是自律，包括管理好自己的身体、道德底线、法律底线。

管好客户，就是保证好的业绩产生。

管好上级，就是从上级那里获取更多的销售资源和管理经验。上级管理你，正好是你学习未来怎么管理下属的机会。

不管是管好自己、客户还是上级，都需要具备很高的情商修炼，也为你走向管理岗位或者更好的发展空间或者自主创业积累经验。

3. 保持学习的状态

学习，要求我们既要注重技能的提升，也要注重思维方式的提升。不仅限于本行业的学习，跨行业的学习也很有必要。

我们经常说，用医药行业的办法永远解决不了医药行业的问题。学习的最高水平就是触类旁通。《影响力》《道德经》等是我推荐大家没事时可以反复阅读的书。

4. 时刻保持头脑清醒

很多销售人员干着干着，喜欢错把平台当能力，很多时候觉得自己干得好，是自己能力强，其实是平台强。当然，产品和人是相互成就的，产品靠你可能做出名了，但是你靠产品也做出名了并挣到钱了。

经常问问自己，你自己有多大的能耐？如果你离开了这家公司，现在的客户还会不会买你的单？你何德何能在这样的年龄和水平之下可以有如此的收入？

如何来识别并定位你和平台的关系，既不要骄傲自大，也不要妄自菲薄！我们通过一个组合来评估一下你和平台的关系：

第一种情况：平台强，个人能力也强。这种情况属于100%匹配，你和公司都相互珍惜，处于这样的组合下，只要保持学习的状态，建立自己的资源库，功成名就指日可待。

第二种情况：平台强，个人能力弱。这种情况容易"错把平台当能力"，换一个公司，没想到是从一个火坑跳到了另一个火坑。客观地评价自己的能力，提高自己的本领，随时要保持危机感，如此状态之下，你不谦虚努力，很容易被辞掉。

第三种情况：平台弱，个人能力强。这种情况在很多小公司容易出现，个别区域市场做得好，是靠某个人的个人能力。这时候，你可以选择继续在这个平台发展，伴随公司一起成长，看公司规模从小到大，公司实力从弱到强也是一件快事，也可以实现自己的梦想。当然，有时候这样平台的公司或者老板的思维受限，你会觉得委屈，也可以根据自己的实际能力换平台，毕竟"良禽择木而栖，贤臣择主而事"。

第四种情况：平台弱，个人能力弱。这种情况一看就是前途渺茫，万不可做一天和尚撞一天钟，因为浪费的时间更可惜。如果你觉得处在这种情况下，要么改变平台，要么改变自己，千万不要坐以待毙，浪费青春。

5. 不要轻易地换行业或者换公司

换公司的时候，如果你还需要投简历，还需要通过招聘网站找工作，那就不要换公司，这说明你的能力还不足，能力足的人会有公司主动找你。换行业也是看有没有人带，你是不是适合去做，现在做什么都不容易，更重要的是锻炼能力。俗话说，不会游泳的人，换个泳池也是没有用的。

6. 单干的时候，一定要看自己的能力够不够

我经常说一句话："医药销售人的最终归宿都是自己干。"但是，自己干的时机一定要把握好，不能凭一腔热血，重要的是你的能力够不够。

能力够不够，看的是"人、财、物"的匹配。

所谓的人，就是你有几个业务员，哪怕你做一个县区，靠自己也做不大。我们经常讲，一个人的能力总是有限的。如果你代理新品种，现在的客户会不会做？

所谓的财，就是你准备了好几个月却没有收入，还能坚持下去吗？你打算投入多少钱进货、压货，资金来源是哪里？我建议万不可抵押房子来做生意。

所谓的物，就是好品种找到了吗？操作持久性如何？打法套路你擅长吗？等等。

虽不是说三样齐全了才开干，但你至少要有一样突出的，剩余的会主动找你。虽然鼓励大家创业，但是也希望大家能够慎重行动。

第二章

终端代表的"三态""三动"和"七力"

第一节 "三态"：心态、状态、态度

1. 心态

在长期的实战内训中，经常有企业的老总跟我说不要讲心态方面的内容给业务员"洗脑"，给他们培训销售中的实战技巧就好，讲如何为人处世，如何跟客户打交道，如何把货卖给客户。我不赞同这个观点。销售心态是销售的第一关，业务员心态不好，就不想干这个活，或者不想卖力干这个活，你给他讲再多的销售技巧也没有用。业务员在药店、诊所门口徘徊不敢进去，被客户拒绝后心如刀割，这样的心态，就算你再有技巧，如果连客户都不敢面对，又有什么用呢？

（1）销售人员"生存曲线图"

讲这个生存曲线图的目的，是告诉销售代表两件事：

①做医药终端销售是赚钱，但是有一个过程，并不是说一入行就可以赚到钱。切忌一开始就对高收入抱有幻想，残酷的现实会打击你的信心。

②你在销售过程中遇到的问题，老销售代表都遇到过，也都经历过，并且也都挺过来了，所以不要在意，你面对的困难都是正常的（见图2-1）。

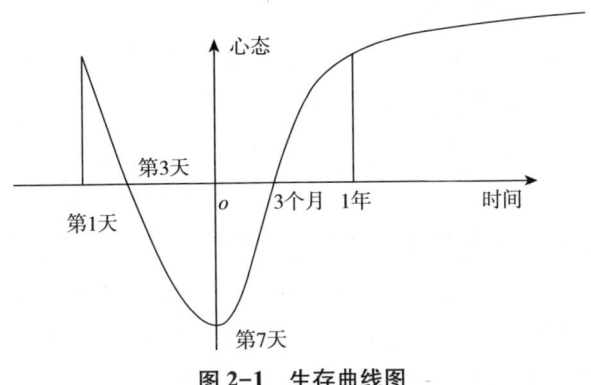

图 2-1　生存曲线图

第一阶段（刚加入前3天）：因为经常听别人说卖药赚钱，所以你干劲儿十足，加入这个行业。但到第三天的时候，你就开始怀疑这份工作，因为事实与流传相差甚远，客户嫌你的产品贵、嫌同类产品多，这两把刀已经让你的心受伤了，客户不搭理你、拒绝你、忽悠你、敷衍你，再加上刚开始拜访门店，你感觉比较累，出不了业绩，精神压力很大。有人在这个阶段扛不住了，就离开了这个行业。

第二阶段（第4~7天）：因为前3天在开发客户中遇到一些困难，有的人就此放弃了；有的人看了心灵鸡汤，自我激励"没有人能随随便便成功，要坚持下去"。于是，你可能坚持到了第7天。这时候，如果没人"救你"，你可能就要陷入"恶性循环"：怀疑产品，怀疑领导/公司，怀疑自己，怀疑人生。

第7天：销售主管或者销售经理就要对销售新手进行"急救"：

①开一次销售例会，让新代表反馈在市场上碰到的问题，如果没有问题，说明这个销售代表拜访门店的数量不够或者方法不对，问题出来后，由老代表予以解答，并且告知遇到类似的问题应如何处理。

②安排一场产品培训和销售技巧培训，以增强业务员对产品的信心和对销售的信心。

③现场演练，让新代表模拟客户、老代表当业务员进行销售交流。

④安排协访，让新代表跟着老代表拜访门店，让老代表开发一个陌生客户给新代表看。能不能开发成功不重要，重要的是让新代表了解开发的整个流程。然后，老代表要带新代表拜访老客户，以增强新代表的信心，让他们知道只要开始合作了，时间久了，自己也可以和客户很亲近。

有的新代表可能会说碰不到这么好的领导怎么办？以上4个方法，你可以自我实现，比如最后一点，你在药店可能碰到其他厂家的业务员，你可以跟着其他厂家的业务员跑一天业务，虚心一点。

第三阶段（第7天至第三个月）：第三个月是业务员的一个"生死劫"。出现这个生死劫的主要原因在于，前两个月，给你一个空白市场，"矮子里面拔将军"，多少是可以开发一些新客户的，就算是碰"概率"，也能开发一些客户来发货，你勉强可以活着。但是新代表经常犯一个错误，"以为开发客户了，客户就会自主卖货，甚至觉得开发客户了，销售过程就结束了"，结果新代表把精力都放在开发新客户上，而那些刚开发出来的新客户，却不帮忙做动销和日常拜访，最后就出现"新客户没有办法再开发，老客户动销差，不能形成二次进货"的局面。然后，新代表就觉得是产品不好卖或者自己的能力有限，就放弃了这份工作。其实，只要挺住，事情就会有转机，也就是把精力再投到已经开发的新客户身上，二次进货就不远了。很多人在这个时间点上放弃了这份工作不说，还到处讲做药不赚钱，做药累。

第四阶段（3个月至1年）：熬过前三个月，业务员基本上稳定了，你对医药终端销售有所了解了，工作、心态都已经进入"正常化"。不出意外，基本上开始积累客户，积累销售技巧，你的收入也会有所增长，因为你有3个月的客情，所以跟店员、采购、老板比较熟悉了，工作开展也顺利很多，基本上是"活下来"了。

第五个阶段（1年以上）：如果你在一个厂家坚持一年以上，你可能感受到了你和客户之间的客情关系进步很快。一是因为现在在一个厂家或者一个公司坚持一年不换工作、不找兼职的业务员不多，客户对你印象深刻；二是因为这一年，你一直在维护这个客户，你们一定会发生一些事情或者有一些津津乐道的故事发生，这也促进了你和客户之间的关系，一切干起来也就顺畅多了。

（2）付出与回报

很多人受到"无良招聘广告"的"诱惑"，觉得卖药很赚钱，所以期望是非常高的，干了一两个月之后，发现收入和想象的差距太大，便开始怀疑这个行业赚不到钱。这时候，我就要问你，你连客户都没有开发几个，连货都没有卖出去多少，你凭什么赚得到钱？你连客户都没有维护好，客户凭什么卖你的货？你连这些都没有做好，你又凭什么赚钱？

从小到大，父母教育我们是"有付出才会有回报"，而从来没有教育我们是"有回报才开始付出"。你的付出还不够，自然该你赚的钱就还没有来。如果你随随便便就赚上钱了，那还真是"天理不容"了。辉煌的背后，不是沧桑就是肮脏。

第一，终端卖药和我们种田是一样的，就是我常讲的"种田理论"。农民有一块责任田，就和我们有一块自己的责任区域是一样的，在撒下种子之前，我们要耕地、除草、捡石头，这也就和"扫街"（在街上抓拍），通过朋友介绍选择目标客户，做市场调查，学习产品知识和销售技巧，做好铺垫准备是一样的道理。然后撒下种子，这就和我们把产品铺货到药房、诊所终端是一样的道理，如果我们不管不问，那肯定没有好的收成。这就和做业务一样，不做终端的拜访、维护，把种子放在地里却没有销量又是不谋而合的。我们为了好的收成，要做浇水、打农药、除草等一系列工作。做业务，我们需要做店员培训、促销活动、日常维护客情、给客户赠送小礼品等一系列工作，这样才能够让产品上量。

另外，种田有个"春播夏长秋收冬藏"的过程，做业务也要有一个市场调查、销售准备、谈判进场、维护上量、持续畅销的过程。如果你省掉某一个环节，或者某一个环节做得不到位，都会影响最终产品的畅销。

销售代表一定要明白，最大的资源是什么。你的客户，他是你的一块责任田，如果你把这块田养肥了，你种什么都会有好收成。只要你在医药行业做下去，在客情建设方面的投入都会有回报。

第二，挖井理论。小时候，家里挖井，隔壁邻居挖到地下3米的时候就有水，而我家挖到3米的时候还没有水，于是不断地换地方挖，也挖不出水来。后来，就着重在一个地方挖了5米，水出来了，因为挖得深，有时候邻居家井里没有水，我家的井里还有水。最重要的不是你挖了几米深，重要的是最后你的井里也有水了。很多销售代表问，为什么人家干3个月就开始赚钱了，而我还没有赚到钱。我不探讨他3个月就赚到钱的真实性，每个人的市场情况和市场基础不一样，厂家的推广模式也不一样，甚至产品的知名度和品类、价格带、老百姓的接受程度都不一样，这些可能都会影响到产品的快速上量。但这不重要，重要的是最后能上量，能赚钱。做业务在于付出，更在于坚持。

第三，懂得让步。在开始和客户合作的时候，我们彼此都是不信任的。客户不愿意现款进货，或者迟迟不答应进货，都是不信任的典型表现。因为客户以前吃的亏太多了，进完货了货款结了，业务员再也不来了，承诺的政策也没法兑现，或者产品滞销、近效期，业务员也不及时处理。我们也不信任客户，怕他卖不好，也怕他拖款不付钱，双方僵持着。更有业务员，合作了也不愿给客户买瓶水或者自己掏腰包给客户买礼物，觉得要是自己投入了，而客户卖不好，自己的钱不是白花了吗？有的业务员也会说，等我赚钱了，我再把赚的钱投到这个客户身上。这样做可以，但是可能耽误了销售量或者浪费了过多的时间，明明3个月就可以搞定提升销量，我们却花了一年的时间，浪费的是"时间成本"。

在和客户合作却相互不信任的阶段，我们和客户必须有一个人先让步，如果没有人选择先信任对方，那么这个买卖就很难持续下去。我们先选择信任客户，比如在销售返利过程中，只要客户从商业公司进货了，我们就可以把销售费用先支付给客户，而不是等客户卖完了货再给费用。钱最终都要给的，但是你先给了客户，你先信任客户，客户也会用销量回馈你。当然，这也要看你们公司给你们的费用是否及时。

当然，让步也不是无原则的。不是求着你做生意，对于一些做不到或者无理的要求，我们是没有必要让步满足的。

(3) 自信心

做销售要有自信心。可是知道有用吗？每天面对客户的敷衍，客户的不理睬，客户的无理，客户的拒绝，你的自信心会被渐渐消耗掉。那么，我们如何增强自己的销售信心？那些对着镜子微笑，或者在无人的地方大喊"我能行"的行为，恐怕也是"自欺欺人"的表现。如何建立自己的销售信心？我觉得，销售的信心是各个层面的信心累积起来的。

第一点，对产品要有信心。

要认真学习产品知识，只有充分了解产品，你才会认可产品对终端客户和消费者有好处。只有充分了解产品，你才不会在客户提及竞品的时候哑口无言或者惊慌失措，从而丧失对产品的信心。只有了解产品，在推广过程中，你的言语和行为才能给客户传递信心。当你开始怀疑产品的疗效，怀疑产品能否真正给消费者带来价值或者提供帮助的时候，你是做不好产品销售的。你都不认可的东西，如何能够说服别人认可呢？

对产品要达到认可的程度，必须了解产品的优势、竞品的优势等，不仅是了解，会背、会说、会发挥更重要。

第二点，对公司要有信心。

相信公司为销售提供的解决方案和解决途径是有效的，相信公司选择产品不是盲目的。公司是要盈利的，如果不看好这个产品的疗效，不看好这个产品的销售前景，公司是不会盲目投入的。

第三点，对行业要有信心。

医药行业关系人们的身体健康，不管社会如何发展，人们总是在思考如何让自己活得更好，尤其是在人们生活水平和物质条件都在不断提升的状况下，这一点更明显。

第四点，对自己要有信心。

相信我能行，如果不行，也是暂时的，是我们经验不足，客户不多，相信自己通过积累、历练，是可以弥补这一不足的。

（4）乐观的心态

没有哪个客户喜欢看到"满脸忧郁"的业务员，没有哪个客户想和消极的人打交道，我们要保持乐观、积极向上的心态。心态不好，通常会通过语言和行为传递给客户，进而影响我们和客户的业务谈判或者客情维护。

第一，我们要做到"不以物喜，不以己悲"。

做业务要保持平常心，做成一单可以高兴，不要回味很久，因为明天的订单情况还不一定；失败了一单不要沮丧，不要过于悲观，因为下一个客户有可能成交。客户不会因为你的失落而给你订单，明天你依旧可能会受伤，所以没有必要耿耿于怀。

如果因为成交了一单而欣喜若狂，或者因为失败了一单而郁郁寡欢，这多么可怕。销售结果存在很多可能性，销售人员心态的大幅度变化，可能让你来不及感受胜利的喜悦。有人说做业务就像拆盲盒，下一个是惊喜还是惊吓只有拆开了才知道！

第二，客观应对负面信息。

一方面，我们要保持积极向上、乐观的心态，但是销售失败难免会有负面情绪，我们要及时排解。比如，和同行讲客户的不可理喻，也许同行的一句"我也遇到过同样的情况"，你的心情就会好多了，或者通过跑步、锻炼等分散注意力的方式，排解自己的负面情绪。另一方面，对于同事的负面信息，我们要有免疫力，要有抵抗力。只需要记住一点，自己的生活不能由别人的嘴决定。

第三，不卑不亢。

只有和你合作的人才是客户，那些所谓的意向客户不是你的客户，我们要把客户放在心上，尽可能地服务好客户，但我们还是客户的"财神爷"，给他输送赚钱的产品和服务，始终坚信自己是优质产品和利益的提供者。

不对等的买卖迟早会结束，总有一方因无法忍受而爆发。比如，谈好的现款，客户从拖一周到拖一个月，再到拖三个月，最终导致合作可能会停止。所以，开始怎么谈的就怎么办，双方都要守信誉，要不然这就是一颗定时炸弹，终有一天会爆炸。

没有人因为你卑微可怜而给你订单，请拿出说话的底气。

第四，正确地面对拒绝。

只要是做销售的，就要面对拒绝。拒绝是销售的常态，甚至拒绝只是客户的一种习惯而已，他习惯打发那些不能让他感兴趣的业务员。没有拒绝就没有销售，要正确看待拒绝。对于陌生人，你也是戒备的，也会拒绝他。

第五，学会接受。

每天面对客户的拒绝、敷衍，如果你耿耿于怀，用不了多久，失败感、恐惧感就会充满你的内心。内心的容量是有限的，负能量多了，正能量就会减少。然后，你就会害怕拜访客户，怀疑产品，怀疑自己，甚至怀疑人生。有人给我微信留言：卖个药，搞得整夜睡不着觉，都开始掉头发了，精神要分裂了。没有那个必要，要学会接受，坦然待之。

第六，激情和热情。

这是洋溢在脸上的自信，这种自信是可以传递给客户的，使客户对你的产品、你的人充满信心和希望，愿意和你长久合作。

如果客户每次听到的都是业务员的抱怨，抱怨公司坑人，抱怨团队的氛围不好，抱怨挣不到钱，抱怨销售业绩压力大却没有突破口，等等，客户一定会担心，这个业务员估计干不久了，产品就将就卖吧，一旦卖好了，他不干了，断货了怎么办？

人以类聚，物以群分。正能量的人总是希望与对工作充满热情和激情的人合作，没有人愿意与只知道抱怨的人合作。

2. 状态

放完一次长假后，回到工作岗位的前两天，你是不是不知道干什么，感觉很困，也感觉没有目标。

我们如何保持自己的销售状态？运动员是通过训练、热身赛来保持比赛的状态，销售人员也要通过稳定的拜访和学习及模拟谈判来保持销售状态。客户是我们最好的老师，勤于拜访是提高销售技巧最实用的方法。客户会告诉我们为什么愿意和我们合作或者为什么不愿意和我们合作，他们的期望是什么，而他们又担忧什么。要在店里待足够长的时间，把天聊透。"常拜访门店"，就是保持稳定的拜访客户；"长泡店"，在客户那里待足够长的时间，只有时间长，才能给客户留下深刻的印象。我们都知道，在客户那里待多长时间，和你与这个客户的客情程度有密切的关系。

再则，通过开会恢复状态，节假日后很多企业一上来就是开会，就是为了让业务员找到上班的感觉，先归心。

3. 态度

（1）对客户的态度

第一，平等对待。合作是平等的，是相互尊重的。

第二，诚实守信。"诚信赢天下"，要想在这个行业长久干下去，必须做到这一点，承诺过的事情必须做到，而且要超出客户的想象，给他们惊喜。

第三，合作共赢。销售不是零和游戏，合作一定是双方都有钱赚。如果只有一方有利可获，而另一方得不到好处，那么这个合作也不会长久。

（2）对业绩的态度

业绩是业务员的生命线。我在做销售管理工作时和一些销售经理聊天，经常会谈到一个共同话题，现在的销售人员没有责任感，对业务没有很高的追求，觉得他做第一，我做第二没什么了不起的，不就是比我多挣一点提成吗？老业务员为了拿到第一名拼命压货，甚至自己买货，就是为了得到领导的赞赏：小伙子，这个月干得不错！

第一，要敢于追求。对业绩要敢于追求，获得第一名，不仅仅是为了得到奖金或者赞赏，还得到了一份信心，自己对自己的信心，长期对第一名的追求，也使得销售能力在这个过程中不断得到锻炼和提升，我们的本领也加强了。成长，也是自己销售生涯中重要的一部分。

第二，不放空炮，说到做到。很多业务员在月初做规划的时候总是说大话、狠话，这个月一定要做到多少，做不到就怎么样，结果到月末的时候并没有实现月初的计划，他就开始抱怨客户、公司，如断货、商品配送不及时、下雨等一大堆的理由。销售是凭能力吃饭的，不是靠抱怨吃饭的。说到做到，是每个销售人员必须具备的品质。

第三，不回避，不规避。做得不好就是不好，不要推卸责任，怨天尤人，找到突破方法或者改进工作方法才是王道。勇于承担责任，也是每个销售精英必须具备的一种能力。

(3) 对同事、领导的态度

第一，对待同事，要团结互助，多交流销售经验。尤其是业绩做得好的业务员，更不要飞扬跋扈、挖苦讽刺业绩不好的同事。对于业绩好的业务员，业绩不好的同事千万不要羡慕嫉妒恨，要一看二比三努力。

第二，学会分享。分享自己的成功心得或者销售技巧，帮助其他销售代表一起成长，这样才更有利于整个团队的成长。不要传播负面信息，抱怨是团队的毒瘤，毒瘤迟早是会被拔掉的。

第三，尊重上级。不管你认不认同领导的能力或者工作方式，对人的基本尊重要有，要用尊称，不传播领导的负面消息。

第四，包容。对于那些业绩做得好、说话夹枪带棒的人，我们要学会包容，他们那么做事是他们做人有问题。如果我们也那么做，就显得我们也和他们一样，要多一些包容，多一些努力！

第二节 "三动"：主动、行动、感动

1. 主动

主动工作是一种能力，尤其是我们不再是小孩，需要父母监督才能把事情做好；我们也不是学生，需要老师的监督才能把事情做好。我们是成年人，没有人会管我们，尤其是做销售的，都是凭能力吃饭的人，能者上、庸者下是常态。所以，工作的主动性应该是由我们自发而来的。

第一，主动工作，不需要有人强制你工作。可能也没有人会强制督促你工作，因为大家都忙着赚钱，没人管你，有能力就干，没能力就走人。你要做好销售规划、拜访计划，并且自主行动。

第二，主动汇报工作进展情况。不要等领导问你才说，你主动汇报，领导更能看见你的用心。领导交办的事情，你更是要主动汇报工作的进度，完成到什么程度了，能不能完成，需要领导给予哪些协助，等等。

第三，主动解决问题。在市场上遇到问题，首先要看有没有办法解决，而不是一遇到问题就问领导，甚至有时候不想费心，直接让领导解决。有问题了，你先想想，思考一下有没有解决方法，再问领导，说出你的解决方法，然后相互探讨，这样有利于成长，自己的羽毛才会越来越丰满，能力才会越来越强。

2. 行动

有再多的方法，再有能力，如果不行动，一切都是空谈。只有实干，才能出业绩。

第一，宁可在外碰壁，也不要在家里面壁。市场是最好的老师，不要

因为这个老师"严厉",让你吃尽了苦头,就恐惧地窝在家里不出门了。

第二,客户是最好的老师。当你不知道怎么干的时候就去拜访客户,探讨怎么做才能进货,怎么做才能卖货。

第三,行动是提升销售技巧最有效的办法。在家里看再多的心灵鸡汤,学再多的销售技巧,看再多的培训视频,参加再多的销售培训,不到市场上历练,最终也是无用的。钱,不会因为你努力地学习而主动到你的兜里来,只会因为你有方法,做出了业绩,才会到你的兜里来。

3. 感动

第一,感动自己。当你付出努力而有所收获的那一刻,我相信你会感动。你有没有在夜深人静的时候,想想曾经努力的自己,想想如今过上富足的生活,潸然泪下;有没有一件关于销售的事情,可能是客户的信任,可能是客户对你的关怀,可能是你持续付出的回报,让你泪流满面。

第二,感动客户。你有没有用吃苦精神,或者努力工作,或者是客情开发与维护中的某一件事情感动客户,让他对你刮目相看,从生意伙伴走向知心朋友。

第三,感动家人。为了让家人过上有质量的生活,为了家庭的责任,你努力过、奋斗过、失败过、成功过,也让家人感动过。

第三节 "七力":忍耐力、沟通力、控制力、观察力、分析力、学习力、执行力

想通过卖药赚钱,一定要问自己的能力够不够。当我们没有挣到钱的时候,反思一下我们是不是具备了挣钱的能力。

1. 忍耐力

对于做销售的人来说，忍耐力非常重要。我们既要忍得住客户的不公平对待、拒绝、不耐烦等，也要耐得住寂寞，耐得住暂时的业绩不理想，顶得住压力，不要轻易否定自己而放弃这份工作。

当我们遇到客户不公平的待遇时候，千万不要在意，客户只是对事不对人，这样的"无理"对客户来说只是一种习惯，换成谁都是一样的。

忍得了寂寞，是因为做销售的人，内心都是孤独的，尤其是那些背井离乡外出做事的人，家人不在身边，业绩不好，生活压力大，过着"只有销售没有生活"的日子，一定要扛住。

我们既要有吃苦的精神，耐住寂寞，又要有等得了胜利的精神，否则付出的努力都将付诸东流。

2. 沟通力

沟通力就是人们常说的人与人之间打交道的能力。不管你是否做销售，不管你从事什么行业，身处什么岗位，与人交流的能力都是必不可少的。

在公司内部沟通方面，包括与领导的沟通和职能部门的沟通。与领导沟通要明确以下几件事：

第一，充分尊重。不管领导是否年龄大，也不管领导有没有你的能力强，既然是你的领导，请你保持尊重。在沟通交流中，要用尊称而不要直呼其名。在会议中，可以表达自己的观点，但是不要抬杠。

第二，对事不对人。始终围绕讨论的话题展开，不要上升到与讨论的事情无关的道德层面。

第三，控制情绪。不要激动，好说好商量。事情不会因为你激动而快速解决，反而会因为你的激动而变得更糟，还显得自己不成熟。

第四，不要传播谣言和负面消息。在开会或者交流中，不要传播负面信息。因为抱怨是毒瘤，你的每一次抱怨和传播的负能量，都会被你的领导记在心中。

在外部沟通方面，主要是跟下游客户的沟通，要注意以下几点：

第一，沟通的心态。你始终要记住，不在平等地位上的沟通一定不会顺畅。我们和客户是平等的，不存在谁求着谁做生意，在沟通中要不卑不亢，也不要患得患失、小心翼翼。

第二，沟通的方式。和客户沟通的方式有三种：语言、文字和行为。

语言的沟通主要体现在销售谈判和客情维护中。语言沟通中要注意语气、语速。

文字沟通方面，主要是写一些调价函、销售协议、合作协议、动销方案、活动政策等。

行为沟通方面，就是在沟通过程中要注意一些手势、坐姿、语气等，以免引起客户的不悦。

销售沟通过程中要注意目标明确，话题要围绕目标展开，不要偏离主题，一旦发现主题偏离要及时拉回来，不要浪费更多的时间在无意义的话题上。沟通中不管是否与自己的意愿相同，都始终要保持微笑，保持真诚，在沟通中多听少说，寻找共鸣，了解客户透露的信息，为谈判的事项提供解决方案。

沟通，就是人与人之间相处。原本没有那么困难，只不过因为情绪、立场、氛围不一样而显得困难。调整自己的情绪和立场，构建良好的沟通氛围，沟通也就自然有效。

3. 控制力

就像汽车要有刹车系统一样，做销售的人也要善于控制自己，要不然就会出现失控的状态。

第一，控制自己的行为。在工作中最直接的体现就是，我们要严格按照自己的计划去拜访。不要计划是计划，实际拜访是实际拜访。另外，在招待客户的过程中要把握好"度"，不要过度饮酒或者做出违法乱纪的事情，没有健康的身体，再多的业绩也没有意义。

第二，控制自己的情绪。主要是在工作中，尽量不要把自己的不良情绪传递给客户。早上和媳妇儿吵了一架，到客户门前了，如果情绪还没有调整好，就不要急着进门，先调整好情绪，以免因为一些小事和客户起言语冲突。

业务员和药店老板谈生意，药店老板问这个政策能够持续多久，能不能保证20年，结果因为这个业务员曾多次拜访，心里烦躁，直接来了句"还不知道店能不能开20年"，最后的结果可想而知。

另外，也不要把工作中的不良情绪带到家中，带到生活中。比如，因为业绩不好，或者跟客户的沟通不好，把气撒在家人和朋友的身上，等等。

第三，控制自己的作息。做销售，既是体力活儿也是脑力活儿，不休息好，非常影响第二天的工作状态和工作效率。没有哪个客户希望看到业务员在交谈中尽显疲态，哈欠连天。身体是革命的本钱，好的身体和精神状态，也是做好业务的保障。

4. 观察力

做销售要学会"察言观色攻心"。在 OTC 终端销售中，"察言观色攻心"是怎么体现出来的呢？

"察言"，就是要分析客户说的话，明白客户的真实意图。曾经有个业务员向我汇报工作，说 OTC 销售这个活儿太好干了，这两天跑了 30 家店，有 28 家店的人说："你把彩页放下，有需要的时候我给你打电话。"然后，业务员就在家里等电话，这就是业务员没有听懂客户的话，客户明明是在拒绝，而业务员却误以为客户接受了我们的推广。

比如，客户经常会说："你放心，我会帮你好好卖的。""只要我想卖，你的货摆在哪里我都会卖的。""你的产品卖不好，是因为产品价格太贵。"等等。

客户说"你的产品零售价格太贵"，听不懂的业务员会觉得客户嫌零售价格贵，听懂的业务员会明白其实客户不是嫌价格贵，而是不知怎么卖这个产品，他想表达的意思是：你能不能教我一些技巧，我担心这个价格我卖不出去。

"观色"，就是要善于观察客户的情绪变化，以随机应变。

比如，你某天去开发客户，发现他刚跟某个厂家的业务员不欢而散，情绪不好，你就不要过多地推荐产品，彼此熟悉一下就够了。

就算一场谈判没有成功也不要紧，你通过观察发现客户的喜好，比如他爱喝什么饮料，从而为后续的跟踪谈判做铺垫，也算是一种收获。

"攻心"，攻破客户的心理防线。当我们作为业务员出现在客户面前的时候，客户就对我们树起心理防线，知道我们要让他掏钱。我们通过观察他的喜好，明白他的真实意图，我们就更容易成功。

记得我在开发一个小连锁店的时候，发现采购经理刘姐的桌上总是放着一罐可口可乐，第三次拜访的时候，我就把可口可乐带过去了。客户说："你对我用心了，我就对你的产品上心。"后来，我们多年都保持着良好的客情。

5. 分析力

现在挣不到钱的业务员有两种：一种是不勤奋，店都不跑；还有一种只想埋头苦干，结果业绩增长慢。对此我们具体要分析哪些内容？

第一，分析我们的产品、产品的市场前景、产品的自有特点、产品和竞品的对比等。

第二，分析谈判中维护和上量的行为。客户为什么采购我们的产品，为什么拒绝与我们合作，都是有原因的。出了药店或诊所，你回味一下谈判的过程，琢磨一下。如果不把合作的原因或者不合作的原因想透，继续拜访下一家客户，又会面临同样的问题。如果你到现在还不知道怎么应对客户提出的"产品价格贵，同类产品多"这样的常见问题，就说明你是做业务不动脑筋的人，说明你的分析能力还远远不够。

你都跑店三个月了，结果动销不理想，产品在药店卖得不尽如人意，你就要想想是不是关键人找错了，究竟自己在这个客户身上运用的方式方法是否正确。有些诊所有两个医生，一个是老板，一个是聘请来的医生，是不是两个人的利益要平衡。

第三，分析客户，分析销量。正如刘一秒大师所说，你不分析客户，客户就不能给你带来价值。

第四，监控客户的进货数据。客户跟踪表如表 2-1 所示。

表 2-1　客户跟踪表

客户名称	1月	2月	3月	4月	5月	6月	7月	8月	……
A									
B									
C									
……									

这个表怎么用？每个月把客户拿货的数据填进去，每个月月初看一下表格。如果客户已经连续 2 个月不拿货，就要了解他不进货的真实原因，不要客户连续 3 个月没有进货了你还没有察觉到。

第五，分析数据。每个月根据统计的客户数据，分析客户拿货量为什么持续减少，拿货金额为什么波动很大，某一产品为什么不再进货，客户连续 2 个月为什么不进货。客户对重点产品进货不多，是因为自己没有拜访门店还是因为客户压货太多，抑或动销太慢。

6. 学习力

只有学习才能让我们立于不败之地。

在工作中一方面要赚钱；另一方面要让自己成长，让自己的能力增强，未来在竞争中不落后，或者能挣到更多的钱。

第一，我们学什么。药品作为特殊的商品，我们要学习基本的药学知识、简单的疾病知识、联合用药的知识等。另外，我们也要学习销售技巧、销售心理学。如果你有更大的目标，还要学习管理知识、市场营销知识、市场策划知识、培训技巧、药店和诊所的经营管理技巧等。

医药行业关系到人民群众的用药安全，行业监管比较严格，我们需要及时了解行业信息、行业政策、法律法规等。

第二，我们怎么学。有个医药界的朋友指点我，一个人要成长，要么读书，要么学人，二者必有一个。如果一个都没有，想成长非常难。

读书，包括读医药书籍、销售书籍等。在这里，我想向大家推荐几本书，业务员想了解基本药品知识和疾病知识，可以购买《店员基础知识手册》，是谢子龙主编的，也是我阅读了市场上绝大多数书籍后觉得为数不多的好书。学习销售技巧的书籍，我推荐自己写的两本书——《OTC医药代表药店开发与维护》和《OTC医药代表药店销售36计》，有兴趣的朋友也可以读一下。

视频，我推荐大家看北京卫视的《养生堂》栏目，公益性比较强，请的都是专家，不是以卖药为主的电视节目，对于我们提升疾病知识有很大帮助，大家可以挑自己喜欢的栏目，或者收看和自己产品相关的栏目。另外，也可以在网上搜索一些销售技巧的视频进行观看，虽然医药行业的相关视频比较少，但是销售是相通的，可以边学边悟，和医药销售结合起来运用。

微信公众号，借助微信公众号学习是个不错的渠道，信息及时，阅读也方便，可以利用自己的碎片化时间，但是好的文章一定要做笔记，反复琢磨，这样记忆才会深刻。

行业论坛或讲座，如果花费不大，离自己家也比较近，我建议大家参加几次医药的论坛，了解一些行业信息，结识一些行业的朋友，对自己的提升是非常重要的。

培训，参加公司的培训提升自己。不要觉得老师讲得不好，看你是从什么角度学习，一场培训有一两句能触发你、有一两个技巧能用上就够了。如果公司不提供内训，你也可以走出去，参加一些老师的网络班，或者自己报名参加一些公开课等。

学人，向一切优秀的人学习。他可以是你的同事，可以是你的领导，可以是你的客户，可以是你的同行，也可以是刚认识的朋友。对于比自己优秀的人，我们应该是"一看二比三努力"，而不是"羡慕嫉妒恨"。只要我们发现别人的优点，就要"见贤思齐"，把别人的长处转化成自己的优势，为自己的销售提供帮助。

7. 执行力

执行力是我们经常在销售管理中提到的话题，是个好说不好做的话题，结合自己的工作经验，有以下几个注意点：

第一，少说多做。有些业务员，总是拍胸脯做保证，却干不出实际的业绩，嗓子喊破天，业绩到谷底。记住，销售业绩是业务员的护身符，少说多干，干出业绩给大家看。

第二，少想多干。很多业务员想的多做的少，很多事情都是靠"猜"，总是用一些"我以为""我觉得"进行揣测，尤其是很多刚毕业的大学生，更容易犯这个错误。不要用上述话语，当你不确定的时候，就直接问客户，而不是猜想。

第三，干了再说。很多时候，一些销售决策都出不了会议室，有人说这个活动没有用，有人说这个活动吸引力不大，有人说这么干不会有什么好结果，你问他应该怎么干，他又说不出所以然。

你先干，干了再回来反馈，而不是干都没有干就否定一切。如果一切都设计得那么完美，可能时机已经过去了，在做的过程中进行修正，在做的过程中进行完善，才是最有用的。做销售是为了赚钱，而不是为了嘴赢。

第三章

陌生拜访前的准备

俗话说："不打无准备的仗。"我们准备得越充分，销售成功率就越高。面对客户的问题越对答如流，越容易达成合作。不管是做客户开发还是客户维护，都要做好充分的准备。

第一节　知己知彼：知产品、知流程、知政策、知服务、知竞品

1. 知己：知产品、知流程、知政策、知服务

知己就是要知道自己的产品，知道自己的销售流程和政策，知道自己的服务。

（1）知道 8 个方面的产品知识

知道自己的产品包括两个层面的内容：第一个层面是了解自己的产品概况或者产品的结构。很多人尤其是做控销产品或者在医药公司上班的人，连自己手上有多少产品或者有哪些产品都搞不清楚，让业务员替换别人的产品不是笑话吗？如果产品没有规划好，业务员连哪些产品是主推，哪些产品是配品都不清楚，如何让别人有重点地跟客户推荐产品？检测业务员的一个好方法就是给每个业务员发一张 A4 白纸，让他在纸上写出销售产品的品名、品规、出货价。

知道自己产品的第二个层面就是精通核心产品或者重点推荐的产品。

绝大多数销售代表的产品知识都是靠"临场发挥",这说明他医学基础不牢,知识储备不够多。

①懂药品说明书。

你看过销售的药品说明书吗?

你了解里面的关键信息吗?

你会背核心产品的说明书吗?

你能理解药品说明书的内容吗?

不管怎么说,以下是必须知道和理解的信息:

A. 成分

在组方成分中,哪些不常见,或者与竞品有明显区别的成分要重点提炼出来。比如,某竞品是蚓激酶,而我们的产品是水蛭酶,在治疗效果上有什么区别。竞品在治疗风湿骨病上只有祛风除湿的成分,而我们的产品多了补益肝肾的功效,这在治疗效果上有什么不一样。

B. 功能主治

药品说明书的"功能主治"一栏体现你的产品与竞品的不同点,功能主治体现了你的产品是如何治疗疾病的,它和你的组方是遥相呼应的。有的是"补血",有的是"益血",有的是"生血",这几个差别就很大。功能主治这一栏后面的"用于"和"症见"也可以在治疗具体的病症上挖掘出你的产品和竞品不一样的地方。

C. 服用方法和规格

服用方法影响单次服药的数量和一天服药的次数。包装规格影响一盒药使用的天数,自然在供零价格上与竞品不同。

D. 禁忌

禁忌症是一定要提醒店员和医生的。

从销售层面讲,当你发现竞品的禁忌比你的产品多的时候,可以用产品的安全性高做文章,以区别你的产品与竞品。

E. 注意事项

注意事项也是我们要关注的内容,出现了哪些症状,我们必须停药。出现了哪些症状是正常现象并且可以继续服用,我们要给店员、医生提供培训,一旦消费者反馈给药店医生,他们能够准确处理,不然碰到问题药店医生就会怀疑你的产品，产品上量就比较难。

②和产品相关的病理和药理知识。

你能说明白这个病是怎么得的，用我们的药是怎么治疗的，哪些成分能取得什么效果，能达到什么样的治疗目标或者疗效。

③流行病学的数据。

根据权威报告，现在有多少人得这种病？发病率有多高？患者治疗意识怎么样？目前有哪些治疗手段？市场潜力和前景如何？等等。

④联合用药的知识。

以药荐药是店员最容易学会的新品推荐技巧。联合用药的目的不是增加销售额，而是"增效减副"。

联合用药的目的是快速解决消费者的病痛。比如，痛经患者用布洛芬加调经的产品，是为了增强治疗效果；再如，我们卖钙的同时会卖维生素D，因为维生素D可以促进钙的吸收。为了减少副作用，比如卖紧急避孕药的同时会卖维生素C或者维生素E。

将我们产品的联合用药罗列出来，能够关联的产品越多，产品的适应症和使用人群也更广。

⑤一句话卖点。

一句话卖点又叫一句话销售，就是用一句话概括产品卖点。提炼出一句话卖点，既便于店员记住产品的卖点，容易简单高效地推荐给消费者，也便于我们写爆炸贴吸引消费者的注意力。

提炼产品的一句话卖点，可以从有效性、安全性、便利性和性价比等方面来提炼。但内容要生活化、通俗易懂，便于消费者理解。

我想说的一句话卖点是，这句话你说出去，80%的消费者会因为这句话而买单。

⑥提炼产品的卖点。

提炼产品的卖点就是提炼出你的产品特点和你的产品与竞品不一样的地方，也是我们在销售谈判中需要重点突出的地方。至于卖点，我们可以从"组方独特，成分独特，剂型独特，药品作用机理独特，制造工艺先进，道地药材，品牌力量，药品本身领先性，直点病症，功效"等角度进行提炼。

很多销售人员说，现在提炼产品的卖点没有用，因为几乎每个产品都能提炼出卖点，所以采购、医生、店员、消费者似乎都对卖点没什么感觉。我觉得不是卖点没有用，而是大家要针对不同的对象提炼不同的卖点，落脚点不一样。

比如针对采购、医生，产品的落脚点在可以提高客单价、客流量、疗效好、口碑好等，和他们相关，他们才感兴趣。

针对消费者，产品的落脚点在安全性高、效率高、服用方便、价格合理等。

⑦和产品相关的故事。

讲和产品相关的故事，可以包括以下几个方面：产品的由来、产品的销售、产品的使用。

产品的销售故事，就是讲某个单店，或者某个连锁店，或者某个诊所，是如何销售产品的、销量如何等。店员使用什么办法把产品推荐给消费者，并且消费者容易接受。医生主要处方我们的产品给哪些病症的患者。要注意收集这些故事素材，对产品的开发和产品的维护上量都有帮助。

产品的使用故事，指的是消费者用完我们的产品之后反馈如何、对产品的评价如何。店员的销售信心来源于回头客，所以这种"处方集"或者"案例集"对产品的销售至关重要。

产品的使用故事也包括自己使用产品的感受。"己不用，不推广"，我们是在什么场景下用的产品，效果和感受如何，一定是真实的案例，因为听众能够感受到。

⑧了解店员卖药必须知道的三个问题。

店员推荐产品就和我们推荐产品给他们老板一样，成功率越高越好。所以，我们就要跟店员提供卖给消费者的方式方法，如果这三个问题不能解决，店员是不会推荐我们的产品的，或者遇到推荐的阻力店员就会放弃推荐。

第一，什么病症的人可以用我们的产品。

第二，来买什么药的人，可以和我们的药联合用药或者拦截。

第三，消费者不要怎么办。

一般消费者不要的原因无非以下几点：

- 你的产品价格太贵了。

给他算账做对比，一天不到2元，比贴膏还便宜。如果现在不治疗，拖时间长了病严重了，花费更大。严重后要做手术，目前的治疗方式是相对便宜的。

- **你的产品没有听说过。**

我们的产品不是靠打广告，××医院的医生都在用，效果好。

- **担心产品的效果不好。**

你可以讲自己或者家人或者身边人用药的案例。

我从八个方面和大家较为具体地谈了销售代表该如何掌握我们的产品知识。我们时刻要谨记，药品是特殊的商品，没有专业化的推广只能陷入残酷的价格战，或者被淘汰。

（2）知道自己的销售流程

告诉客户，你的货是从哪个公司出的，客户有没有在这个公司开户，如果没有开户，你需要收集哪些首营资料。如果你是做终端拉动的，你要知道你的产品在哪几个医药公司有货，每个医药公司的出货价是多少，有时候因为调拨，可能在出货价方面有差别，要和客户说清楚。

（3）知道自己的政策

就是明白公司的产品政策，进货满多少元返什么礼品，还是满多少元送多少药……一定要能够快速地跟客户准确地表达出来。当你犹犹豫豫或者还要打电话问领导的时候，基本上这单生意就没戏了，客户不信任你，倒不是觉得你会骗他，而是觉得你是销售新手，不能给他最大的政策优惠或者不能够帮助他转换最有优势的政策而让他吃亏。我们要准确、斩钉截铁地告诉客户政策，不要给他想象的空间。

（4）知道自己的服务

营销是由产品和服务两个层面的内容构成的，当我们实在无法从产品的方面寻找到突破口的时候，可以从服务的角度来谈。比如，动销活动支持，陈列支持，礼品支持，培训支持，有业务员门店跟踪，退换货支持，账期支持，提供学习提升的机会，整合宣传的机会，等等。

2. 知彼：知竞品

知竞品，就要做竞品的调查，这是我们做 OTC 销售必做的一门功课。

很多人对这些基本功不屑一顾，如何开发客户、如何维护客户、如何上量，而这些你想要的内容，竞品调查都会为你提供帮助。

不做竞品调查，你总是会被客户的"两把刀捅死"——你的产品价格太贵，同类产品太多。因为你找不到产品贵的理由，也没有发现你的产品和竞品的差异化优势。做竞品调查也是让新手熟悉产品和行业的一个快速有效的方法。

(1) 如何做竞品调查

第一层级的销售代表只做初级工作。你让业务员去调查竞品，他是不是只汇报产品名称、生产企业、品规、进货渠道、进货价、零售价、促销政策。但是很多信息还是有价值的，比如产品规格的差异，可能是每粒药含量的差异，也可能是包装规格的差异，这可以和供货价联系起来。比如，老板说你的产品比别家的贵，但你的产品是24粒，别家的是16粒，你的产品自然贵！如果不调查，很难快速回答出来。

第二层级的销售代表会调查竞品的服务。除了第一个层级的基本信息外，我们还要了解竞品的其他信息，比如代理级别是厂家直营、省代、地代还是县代，因为这会影响产品供货的稳定性和政策的优惠程度。竞品的操作模式，是流通还是控销，终端的促销活动有没有开展，终端有没有人员维护，店员培训有没有搞，有没有负责产品的动销等。竞品的服务，我们也需要了解，服务层面的差别，也是两个产品不同的地方。

第三个层级的销售代表是研究竞品。发挥"神农尝百草"的精神，对于竞品，我们要做更深层次的研究。主要包含两大方面的信息，即产品本身和市场信息，都要进行对比，找出自己的产品优势。

如果客户经常跟你提到某一个竞品，你一定要把这个药买一盒回来研究一下，从产品的包装材质、说明书的质量、外包装盒的硬度，到药品说明书逐字逐句地进行对比，等等。如果条件允许，你可以使用一下竞品，感受一下。

如果你体验过后，客户跟你说与竞品的产品质量是一样的，那就直接在他店里买一盒他提到的竞品，现场体验给他看，客户基本就信服你了。

竞品分析表1，如表3-1所示。

表 3-1　竞品分析表 1

产品	A	B	C	D	E	F
生产厂家						
剂型特点						
规格特点						
功能主治对比						
禁忌症						
用法用量						
注意事项						
产品卖点						
销售模式						
终端维护						
动销模式						
其他						

优势提炼：

提示：在比较产品的时候，可以把两个产品的药品说明书对比着一字一句地分析，这样很容易找出差异。

竞品分析表 2，如表 3-2 所示。

表 3-2　竞品分析表 2

产品	云南白药气雾剂	沈阳红药气雾剂	花红消肿止痛酊	李时珍麝香祛痛搽剂	葵花麝香祛痛搽剂
产品规格	85g/30g	100g	33ml	100ml	40ml
用法用量	外用，喷于伤患处，一日 3~5 次	外用，喷于患处，每日 4~6 次	外用，涂搽患处	外用，涂搽患处，按摩 5~10 min 至患处发热，一日 2~3 次	外用，涂搽患处，按摩 5~10 min 至患处发热，一日 2~3 次
销售模式	全国广告+商业流通	商业流通模式	区域广告+商业流通模式	学术及贴柜营销模式	控销

续表

产品	云南白药气雾剂	沈阳红药气雾剂	花红消肿止痛酊	李时珍麝香祛痛搽剂	葵花麝香祛痛搽剂
注意事项	孕妇禁用，皮肤受损者勿用	孕妇禁用，皮肤破伤处不宜使用	儿童、孕妇禁用，经期及哺乳期妇女禁用，肝肾功能不全者禁止口服，对酒精过敏者禁用，皮肤破损处禁用	孕妇禁用；乙醇过敏者慎用，软组织扭伤严重或者有出血者，将药液浸湿的棉垫敷于患处	孕妇禁用；乙醇过敏者慎用，软组织扭伤严重或者有出血者，将药液浸湿的棉垫敷于患处
特点	领导品牌，广告力度大，基药目录产品	区域性品牌，集中于东北	区域广告支持，产品价格低	产品操作空间大	全国性品牌，产品操作空间大，受市场保护

结论：祛痛搽剂和云南白药、沈阳红药、消肿止痛酊相比：皮肤破溃处可用，不需要等24小时后再用，受伤后可以立即使用。

备注：表3-2的分析受调研地点和时间限制，不代表全国其他区域的实际情况。

竞品画布如图3-1所示。

产品名称：　　　　　　　　　　　　　　作者：

1. 分析目标 为什么要做竞品分析；希望为产品带来什么样的帮助；你的产品所处的阶段。目前你的产品面临的最大问题和挑战： 竞品分析目标：	5. 优势 与竞品相比，你的产品有哪些优点？	6. 劣势 与竞品相比，你的产品有哪些缺点？
2. 选择竞品 竞品的名称以及选择它的理由	7. 机会 有哪些外部机会？	8. 威胁 有哪些外部威胁？
3. 分析维度 从哪几个角度来分析竞品？例如功能、市场策略等。注意：结合产品阶段与分析目标来确定分析维度	9. 建议与总结 通过竞品分析，对你的产品有什么建议？采取什么竞争策略？得出哪些结论？注意：要考虑操作性	
4. 收集竞品信息 你打算从哪些渠道收集竞品信息？		

资料来源：张在旺的《有效竞品分析》。

图3-1　竞品画布

和竞品调研相关的关于"土豆"的故事，故事的梗概是：

A 和 B 同时受雇于一家超级市场，开始时大家都一样，都是从最底层干起。

不久，B 受到总经理的青睐，一再被提升，从领班直到部门经理。A 却像被人遗忘了一样，还在最底层工作。

终于有一天 A 忍无可忍，向总经理提出辞呈，并痛斥总经理用人不公平。总经理耐心地听着，他了解这个小伙子，工作肯吃苦，但似乎缺少了点什么。缺什么呢……他忽然有了个主意。

总经理说："请你马上到集市上去，看看今天有什么卖的。"

A 很快从集市回来说："刚才集市上只有一个农民拉了一车土豆在卖。"

"一车大约有多少斤？"总经理问。

A 又跑到集市上，回来说有 10 袋。

"价格多少？"A 再次跑到集市上。

总经理望着跑得气喘吁吁的 A 说："休息一会儿吧，你可以看看 B 是怎么做的。"

说完，总经理叫来 B 对他说："B 先生，请你马上到集市上去，看看今天有什么卖的。"

B 很快从集市上回来了，并汇报说到现在为止只有一个农民在卖土豆，有 10 袋，价格适中，质量很好，他带回几个让总经理看。这个农民过一会儿还将弄几筐西红柿上市，据他看价格还公道，可以进一些货。这种价格的西红柿总经理可能会要，所以他不仅带回了几个西红柿做样品，还把那个农民也带来了，他现在正在外面等回话呢。

总经理看了一眼 B，说："请他进来。"

B 比 A 多想了几步，于是在工作上取得了成功。

(2) 树立正确的"竞品观"

第一点，在局部市场我们的竞品是有限的，而不是无限的。

摆在一起的产品很多只能算是我们的同类产品而不是竞品，因为不构成竞争关系，本来那个产品都快过期了，店员、医生不愿意卖，就不是我们的竞品。竞品和同类产品要区别开。

第二点，调查竞品的目的不是打击竞品，而是要找出自己的产品的差异化优势，增强我们的推广信心。

很多人最后做完竞品分析的结论是"某产品不如我们产品"。每个产品都有自己的优势，每种剂型都有自己的优势也有自己的弊端。我们要做的是，我们做哪个剂型，就把这个剂型的优势最大化。

所以，不要轻易地说某个产品不如我们的产品，可以说在治疗某种病症方面，我们比竞品更有优势。

也许有同名同剂型的产品，说我们的产品好要有依据，比如大品牌、药材道地、工艺先进等，不能信口开河，要有理有据，有表现形式。

比如说你的颗粒产品比竞品好，就说采用什么工艺，然后用水溶解给客户看，这样客户才会相信你。如果不这么做，客户会觉得你是恶意打击竞品，不仅产品难以进入渠道，可能还会怀疑你的为人。

第二节　知市场：单体药店、连锁药店、民营诊所

在终端拜访的过程中，经常会听到客户说业务员都是自私的人，只关心或者想尽办法把自己的产品放到药店、诊所，然后就想着收钱，从来不考虑客户的感受，也不关心客户。

1. 单体药店的特点、需求及合作中的注意事项

（1）单体药店的8个特点

①经营更加灵活多变。

产品采购、促销活动的策划等比较灵活，自己拥有采购权和决策权，效率高。

②**决策更加自如简单，不需要层层汇报。**

发现隔壁的药店在搞促销活动，可以开展阻击战，而连锁药店需要层

层汇报、研究再出对策,这样很容易延误战机。

③**成本费用更加低廉。**

单体药店多为夫妻店,人员成本低,如果配备店员比较多,是因为生意比较好,付出和回报可以成比例,加上老板亲自坐店,责任心比较强。

④**品种调整更加自主方便。**

不需要商量,也不需要研讨,一家店的产品基本上可以根据这个小区的实际消费情况进行调整,而连锁药店或者组合药店就不行。每个小区的实际情况不一样,可能这里卖得好的产品,别的店卖得并不好,这样采购人员的工作量就比较大。

⑤**资金周转更加快捷有效。**

因为没有大的采购量,单体药店的资金周转相对于连锁药店快一些,在结款的随机性上比较强,不像连锁药店那样要求严格。

⑥**对当地社区更加熟悉。**

这是社区单体药店的较大优势,是自己的店,又是自己在这个店里卖药,就比较清楚社区消费者的情况。

⑦**有一定的客户关系。**

这是单体药店和连锁药店在竞争上比较占上风的一点,因为是自己的店,平日药店老板在客情上下功夫,单体药店老板夏天给消费者送小方巾、纸巾、花露水、绿豆等小礼品,甚至便宜几毛钱都是随口的事,但连锁药店就不能这样做。

⑧**地理位置好。**

很多单体药店都比连锁药店开得早,尤其是一些老牌的单体药店,更是在地理位置上占据绝对优势。

(2)单体药店的6个需求

单体药店的现状是"散、乱、杂、弱",所以有以下需求:

①**降低采购成本。**

单体药店希望降低采购成本,想以最小的代价获得最大的利益空间。大多数单体药店的老板觉得自己的进货价格和连锁药店一样就满足了,从这一点可以看出,单体药店老板说产品的价格贵,只是一个习惯问题。

②**有利润的好产品。**

单体药店的生存压力越来越大,房租成本、人员开支等不断增长,如何提高利润是他们不得不考虑的一个问题。如果只是一味地追求利润，卖高毛利产品而不讲究产品的品牌和质量，所谓的利润可能是杀鸡取卵，最后倒霉的还是这个药店。当消费者因为疗效而失去对品牌的信任的时候，你的产品再有毛利，没有客流也等于零。所以，有利润的好产品成了他们追逐的对象。

③独家销售。

在和客户谈业务的时候，客户总是想要区域独家销售。为什么？主要有两个原因：一是避免乱价，区域里就一家药店销售，不会因为乱价而流失客户；二是独家销售可以提高药店对销售渠道的控制力，药是推出来的，客户推多了，自然会有回头客。只有一家药店有货，客户自然只能到这家药店来买。

④新产品的信息渠道。

药店希望业务员的拜访能给他们带来更多的产品信息，比如最新临床处方的产品、产品的新剂型、某种疾病的最新疗法。

⑤提高店员的专业性。

有些店员不会关联销售和联合用药，只会叠加用药、经验用药，这不管是提高销售额还是解决患者的病痛都是不利的。店员培训其实是药房想要的，目前店员培训存在几个问题：一是大家去大型连锁培训人家不稀罕，而中小连锁和单店嗷嗷待哺，但是厂家又不去；二是培训的质量得不到保证，就某一公司的产品照本宣科式的培训越来越不受欢迎。按照某一品类，用营业员听得懂的话培训，是药店喜爱的培训方式，把专业的东西通俗化，容易理解，这是店员培训必须遵循的一个原则。

⑥药店促销活动。

工商协同动销是趋势。单体药店不管是活动策划能力还是活动执行的人力、物力、资源都是有限的，只有借助厂家的实力和协助，才有利于提高单体药店的竞争力。

(3) 单体药店合作中应注意的四个事项

结合单体药店的需求、特点和优势，我们在合作中要注意以下四点：

合理分配路线：单体药店的分布比较分散，我们要高效开发和拜访就要做好规划，避免浪费时间。

做好价格维护：因为单体药店的经营方式灵活多变，所以调整零售价对他们来说只是改一个价签的事情，厂家要关注单体药店的零售价，以免乱价。

关注库存：单体药店的采购特点是品多、单小、频率高。一次会要很多产品，但是每个产品可能就 5 盒，如果你不保持拜访率，就会有断货或者被替换的可能性。由于单体药店在效期管理方面比较薄弱，产品或者品类又没有规划，品种多就会忽略一些品种，你的产品就极容易成为效期品种，要经常关注自己的产品，提醒药店老板销售，防止因滞销而产生矛盾。

诚信：老板说了算，失信就等于失去买卖。采购权，甚至很多单体药店的销售权都在老板身上，一旦你失信就可能失去了买卖。失信，有时候只是一些小事情，如可能是一次税票没有送到。

2. 连锁药店的新品引进与流量提升

（1）连锁药店最常见的三种新品引进途径

①采购主动寻找品类。

高毛利品种：品牌厂家的二线品种或者小厂家品种。

聚客品牌品种：多为广告品种。

创新品种：经营空白项品种，如康美鲜人参、缓解视疲劳的眼贴等。

商品线结构调整品种：增加商品广度（即增加经营品类）；增加商品深度（即增加同品类中的不同包装规格、不同的剂型）；调整现有价格带等。

②顾客主动寻求品种。

该品种的引进需要连锁一线门店的配合，连锁门店需进行顾客需求登记，定期汇总交采购部进行分析后，最终确定需要引进的品种。

③供应商主动洽谈品种。

该类品种引进时，可在公司现有经营商品的基础上，根据具体的品种商谈具体的引进条件及后期促销政策。

（2）新品引进注意事项

采购在新品引进的过程中，需要注意以下事项：

①某些零售商优化完商品组合后又持续大量引进新品，致使品种组合

重新趋于混乱。

②在引进新品时需参考以下因素：

A. 品类的角色：引进新品时应对门店现有品类进行统筹，发掘新品类或细分品类，为新品引进创造空间，从而促进新品引进的成效，避免品种的重复引进造成部分品类臃肿、部分品类匮乏的情况。

B. 产品特点：产品表现及新功能、性价比、消费者测试、盈利能力、销量潜力。

C. 市场支持：媒体投入、样品派发/消费者试用活动、消费者教育、公关活动/专业协会认可。

D. 店内推广活动：店内促销、店内演示/店内广告、助销、陈列基金。

E. 生产商：生产商过往三个月店内销售业绩、该品牌或相关品牌过往三个月店内销售业绩、生产商分销新品的能力及付费账期。

③店员推荐的成本。店员推荐起来是否比较容易，推荐成功率如何。

我们应该如何关心客户的生意，我们来看看药店经营的最简单的公式：

销售额 = 客单价 × 客流量

从药店的角度说，提高客单价的有效方法主要有三个方面：一是提高购买单价；二是提高购买数量，就是我们常说的疗程用药，或者关联用药；三是增加冲动购买的次数，如陈列、促销活动、宣传等，激活消费者的购买需求，引导消费。

(3) 如何帮客户提高客流量

如何帮客户提高客流量，也是药店经营者关注的问题。

一是定位好。掌握商圈的特点和竞争对手的优劣势。掌握商圈的特点就是把握消费能力和产品结构，比如药店附近是高档商务区，那么购物环境和产品的价格就稍微偏高点；药店附近的工地比较多，那么产品的价格就不能太高，跌打损伤类的产品可能是销售重点。

二是短期促销。

比如打折降价、返现、返券等，以吸引消费者的购买。

促销活动，如举办义诊、大型会员日、店庆日、年终答谢等优惠活动。

店面形象，没有人愿意去脏乱的药店购买药品，会觉得不太靠谱。

门店氛围，主要是在陈列、海报、音乐、休息场所等方面下功夫。

三是长期策略。

人员排班，销售的高峰时段多安排一些销售人员，免得客户受到怠慢而感到不悦。

人员素质，提高店员的专业素质和服务意识，留住消费者的心。

老中医坐堂，提高药店的名气和品牌吸引力，引来客流量，并且是固定的客流量。

产品动销率，产品效期比较好、更新快，让消费者感受比较好。

定期市调，合理定价，了解竞争对手的价格情况，免得因为敏感产品的价格问题而流失客流。

另外，了解竞争对手最近比较畅销的产品，免得有消费者过来而药店里没有此类药品，导致客户流失。

具体可以从以下方面进行改进：

• **产品常更新**。有时候客户找的产品没有，或者产品有新剂型，疗效更好，或者有替代品，但是药店没有及时引进，不能满足客户的需求。

• **提供令人满意的服务**。因为一次不满意的服务，可能是进店后受到怠慢，比如营业员玩手机没有搭理消费者，可能是一个小礼品没有给，也可能是一个小折扣没有打，或者是药品的解释不够清楚，等等，导致消费者不满意而不再光顾。

• **优化品类结构**。有问题，想联合用药却没有找到相应的产品，或者是消费者拿来的单子有几种药没有引进，给客户留下了产品不齐全的"假象"。

• **提高店员的专业性**。专业性不强，只会强推，却没有合理的解释，从而引起消费者的不满。

• **关注消费者**。真正从解决消费者的疾病和健康问题着手，不要一味地追求利润，甚至不能给消费者关心、关怀，从而让消费者远离了我们的店。

• **防止恶性竞争**。例如，内部店员抢单，外部同行竞争。内部员工为了提成抢单，有些药店有厂家促销员，促销员和店员争吵打骂的事情时有发生，而给消费者造成不良印象。外部同行的低价竞争或者借助厂家的力量搞大型促销活动、优惠活动来吸引消费者。

• **适当宣传**。药店宣传不到位，消费者不知道这个药店，有优惠活动也不一定接触到这个信息。

• **形成好口碑**。不管是什么原因造成的不良口碑，都影响消费者进店购买，或者二次购买。

- 营造出吸引客流的氛围。例如，门头、陈列、音响。
- 防止敏感产品的价格战。因为竞争门店的敏感商品的超低价，给客户造成药店药品都便宜的印象而流失了本来属于自己药店的客流。
- 寻找产品效果不好的原因。产品效果不好的原因很多，是否对症、是否按疗程使用、使用方法是否正确等，在后面的内容中我们会详细地阐述。
- 防止同行医疗行业竞争。主要是指诊所和社区卫生服务站的影响、分流的客源。
- 成为医保定点药店。因为不是医保药店，客户不能刷医保卡而流失客户，或者无法吸引客流。

药企可以通过产品的疗效好、回头客多进行活动宣传、体验销售、义诊、公益活动、优惠活动、海报宣传、消费者教育，以广告拉动等方式协助药店提高客流量。

3. 民营诊所的特点、需求和基层医生

（1）民营诊所的 3 个特点

①数量多，尤其是医疗资源不发达，如城乡接合部的民营诊所。

②量上有保障。药店卖药心中没数，诊所医生心中有数！有处方习惯，不易替换。

③医生有自己的用药原则。

（2）民营诊所的 7 个需求

①有效的产品。诊所的经营靠口碑。

②注重学习深造。专家培训、晋级培训等。

③提供新的诊疗信息。

④提供医学书籍、报纸、杂志。

⑤基层医生渴望了解医疗市场的新动向、新疗法、新品种。

社会的进步和发展，加上诊所医生的年轻化及专业化，医生都非常渴望了解或熟悉医疗市场及改革动向。通过参与来了解一些新疗法，使用一些新品种，充分享受发展的红利。

⑥基层医生渴望医技水平的快速提高。

人们健康意识的提高，促使医疗检测手段的重心下移及普及，从而协助医生提高诊断的准确率。疾病的细分使得医生面对患者用药时越来越谨慎，治疗趋于保守的困惑越来越重，解惑的关键点就是通过各种途径快速提高自己的医技水平。

⑦基层医生渴望通过口碑提升名望。

由于医生执业的稳定性，促使他们尽全力地面对每一名患者，因为这些人就是他们的邻居和亲朋好友，这就决定了医生一定要通过自己的治疗水平及良好的治疗效果在患者群体中进行正向传播，而这种正面的口碑就是对医生最好的褒奖。

4. 开发前做好三个调查

谈连锁药店不做调查，就只能谈价格、进场费、结款方式。要想在谈判中取得先发优势，就需要做好谈判前的调查工作，充分了解客户。

（1）去终端门店看看

因为销售的最后环节是营业员将药品卖给消费者，所以在合作之前，一定要到目标客户的三家门店去走访，看终端门店的情况，听店员的心声。

①"看"

竞品有哪些？

陈列位置如何？

陈列面如何？

陈列的数量是多少？

产品的生产日期和产品上是否有灰尘？

竞品的价签是不是一样的标记？

零售价是否维护？

有没有爆炸贴、POP、生动化陈列、特殊标记等？

通过这些发现竞品的市场情况，为以后的谈判提供材料。了解零售价格的目的是能否有效地维护产品价格，没有维价就没有最大利润，影响能否在后面的销售谈判中找到突破口。

② "问"

竞品卖得怎么样？

哪个产品是首推产品？

是公司总部下达的销售任务，每个月下达多少盒的任务？

竞品的级别高吗，是否有额外的提成？

有没有业务员维护，对业务员和厂家的印象如何？

竞品的业务员是否经常来门店做促销活动？

如果我们的产品进入这个连锁店，有什么建议？

哪个厂家的哪些做法容易让你们喜欢？

这样问，营业员会告诉我们去总部怎么谈、谈到什么程度、后续怎么操作，他们才会重视我们的产品，并进而愿意销售我们的产品。

第一次见面，要想别人告诉你这些"机密"，要从以下三个方面着手：

第一，给大家带点小礼品，询问一些信息。

第二，引进产品能带来更大的利益。

第三，有个概率法则，多跑几家门店，总会得到一些信息。

(2) 去连锁总部试谈

去连锁总部谈之前，我们通过对门店的走访，已经了解一些终端销售的情况，但这是从局部了解的，可能因为门店的位置、门店的规模或者开店的时间不一样，从而导致销量不一样。

通过跟负责采购的人员进行初步接洽，我们应了解以下问题：

第一，一共有多少家门店？年销售额是多少？销售最好的门店是哪几家分店？

第二，竞品一年的销量有多少？达到什么条件做到的首推，是什么形式的首推？

第三，竞品是否有全年的销量协议？

第四，竞品前五名的全年销量有多少？以判断自己还有多大的空间和机会。

第五，我的产品做进来有哪些条件？

第六，如果满足你的条件，如何保证销售？

注意：保证销售不等同于保证销量。保证销售，是指连锁药店通过可行的措施，让店员有卖产品的动力。

(3) 找同行咨询

在做市场调查的时候，一定要找同行问这家连锁店的情况。要问清以下几个问题：

第一，你和这家连锁店的合作情况如何？你是通过什么形式上量的？

第二，厘清这家连锁店人员的基本情况和爱好，以及合作中关键人的信息。

第三，是做商业调货还是直供？结账流程如何？结款信誉如何？

第四，作为你的朋友，我要和这家药店合作，你会给出什么样的建议？

和同行咨询是比较容易的，可能一个电话就搞定了，真实性和有效性比较高。

通过这三个层面的实战调查，我们就看清了未来合作可能出现哪些问题和如何应对，甚至在充分调查之后，为我们如何选择合作商提供了依据。所以，做 OTC 销售一定不要着急，不要盲目追求上柜，不做系统的调查，从而为滞销埋下了祸根。

第三节　做好五个心态准备

只有调整好心态，销售技巧才能发挥最大的作用。销售心态是销售的第一关。

1. 像问路一样轻松，不要害怕拜访

有学员说："我不敢拜访客户，尤其是陌生拜访，怕客户拒绝，怕客户难缠不合作，怕客户打击我的产品和公司……"

"不要再说了，我就问你一句话，你怕问路吗？问路也怕的话，我只好劝你早点离开销售行业，也许你真的不适合做销售。"

问路，我们都不怕，因为我们知道要么他知道路，要么他不知道路，知

道路就按他的方案走，不知道就问下一个人，这就是我们不怕问路的心态。

同样的道理，这个药店或者诊所不合作，我们就问下一个药店或者诊所，只要把内容传达给客户就好。在市场开发的初期，没有必要拔钉子，因为有太多的药店和诊所等待我们去开发，万不可因为一棵树而放弃或者怠慢了一片树林。

我们有时候把后果看得过于严重，最后难为了自己。就像上小学时考试不及格，站在家门口不敢敲门，其实门那边是热腾腾的饭菜和妈妈的一句："没关系，努力了就好。"回过头，那些曾经让自己寝食难安的事大多败给了想象。

2. 比起面子，我们更害怕失败

很多业务员会有这样的想法，觉得和客户谈不成生意很没面子，受打击多了，就害怕拜访。因为只有成功才能带来信心，失败是不会带来信心的。

谈不成业务真的很没面子吗？客户拒绝你时说的话，可能他和很多人说过，跟你说的只是一个拒绝的理由而已，客户根本就没有把你放在心上。你离开药店的那一刻，人家已经把你忘了，而你却耿耿于怀。

3. 期望总是和能力不匹配

你总是想一次把客户搞定，可你总是搞不定，就有了挫败感！很多销售人员总是想一次就和客户谈成业务，而自己的能力却又一次搞不定。有没有办法可以一次搞定客户？谁也不敢说有这样的办法。

我认为，一次把业务谈成就是运气好，这个运气好是因为我们的产品知识和销售技巧，恰好碰到了一个志趣相投的客户，于是成功合作了。所以，一次谈不成业务是常态，切忌期望太高，两三次做成都是有方法、有技巧的。

一次谈不成业务，不代表没有收获。我们第一次就不要带着谈成业务的心态去拜访，但是要了解客户的基本情况，如客户拒绝合作的原因、客户的爱好、药店的特色等，为下一次谈判提供依据。不要急，如果你知道，你谈三次就可以成功合作的话，我相信你就不怕拜访了。

4. 保持平等合作的心态

有些销售人员有一些不成熟的想法，觉得做销售就是求着别人进货。记住一点，不平等的合作是不可能长久的，客户不会因为你可怜而进货，进货一定是有利可图。既然有利可图，大家就是平等的，不存在谁求谁做事的情况。大方、客气、坦然才是我们工作的常态。

5. 不要挑客户

客户再大，不卖你的货或者你的货卖得不好，都跟你没有太大的关系。有的业务员选择和大客户做生意，殊不知大客户在很多企业的眼中也是大客户，于是大家的资源都往那里砸，你的投入显得微不足道，结果总是和你想得相差甚远。

有些不被重视的小客户，重视起来可能就是你的大客户。最好的合作是陪伴，如果我们跟随一个药店成长，我们在成长的同时，销量也增加，合作关系也更加牢固。所以，很多大客户最后做成了小客户，我们主动放弃了；很多小客户做大了成为大客户，最后不离不弃了。

调整好自己的心态是销售重要的一关，心态不好，永远是生活的弱者。

第四节　做好物料和道具准备

一个好的销售人员，一定是一个好演员。

1. 名片：证明身份

很多业务员连名片都没有，有时候客户说留下你的彩页，有需要跟你联系，业务员还要在彩页上写下自己的电话号码。在和连锁药店谈业务的过程中，客户给你名片，出于礼貌，你也要给客户一张名片。

在制作名片的过程中，名片质量不要太差。职位要实事求是，不要把一个新来的业务员印成"销售经理"，你是什么样的水平，客户和你接触后就知道了，客户也不会因为名片的职位高而对你刮目相看，除非你有真本事。

2. 彩页：设计要有价值、突出要点

产品彩页是产品推广过程中必不可少的资料之一。但是，常见的产品彩页只是简单列举了产品的基本信息，比如品名、品规、功能主治、产品图片、生产企业、零售价等。

在整体排版上主次不分，既不按照产品的主次顺序排列产品，也不按照类别区分，比如儿科、妇科、呼吸道科等。这样的产品彩页没有太大的价值，也不怪客户看都不看就说不需要产品。在业务谈判中，也不能提醒销售人员提及产品的差异化，这也不便于业务员重点推荐产品或者快速查找客户需要的产品。

除了包含产品的基本信息，还要包含产品的卖点、特点、差异化、优势、联合用药等，就算客户不愿意和你合作，至少也可以把你的彩页作为知识手册留着。只要留着经常翻动，就有再次销售的机会。

这样的彩页也便于我们在未来的店员培训中使用，不用再设计教材，彩页中记录了产品的特点，也便于业务员在谈判中联想话术，应对和解答客户的疑虑。

3. 包装盒：采购要会看包装盒

很多业务员谈业务的时候，不爱带包装盒，一是觉得麻烦，二是觉得没用。尽管药品是特殊商品，但OTC的销售更接近快消品销售，消费者在自主选择的时候会考虑产品的包装，并且产品的包装会影响陈列面、药店的销售氛围，因此很多厂家做大的包装盒，陈列的时候陈列面会比较大。

另外，带包装盒也是为谈业务服务。经常出现这种情况，谈业务的时

候，客户总是心不在焉。样品盒可以集中客户的注意力，也能够让客户直接感受到产品，视觉冲击力比让客户联想产品管用。

4. 样品：展示你的产品优势

客户经常跟你提到的某一个竞品一定要连同自己的产品一起放在包里，当客户提到竞品的时候，你直接拿出来做对比。比如都是推广儿科某口服药的，但是口感不一样，或者直接对比药液的透明度。如果是颗粒的可以直接对比溶解度，比如某企业在推广他们的二丁颗粒的时候，利用溶解度和溶解速度来对比差异。带样品是为了让客户体验，视觉、味觉、触觉的体验都可以，就是让客户感受到竞品在某一方面不如自己推广的产品。

5. 市场推广照片：让客户更有信心

这里的照片包含陈列照片、店员培训照片、促销活动的照片、销售小票的照片、消费者购买的照片等，一切都可以证明你的产品畅销，在市场推广方面工作的照片都要有。当客户质疑你的产品是否畅销，你是否会协助药店做动销的时候，这些照片就是最有力的证据。

有一个值得注意的细节，就是这些照片最好在手机文件夹里有个专用的文件夹，免得要使用的时候总是找不到图片而耽搁销售的氛围和契机。实在不行，你也可以像有些优秀的销售代表一样，把这些照片打印出来，在销售需要的时候，直接拿出来，可能更有作用！

6. 销售订单：销售成交的助推器

在业务谈判的过程中，客户可能总有一个疑问，这个产品真的有这个小伙子说的这么好吗？这时候，订单的魅力就发挥出来了，"张姐你看，你老怀疑我们的产品不好卖，你看看，这是我们的产品上个月的销售流向！"

7. 销售笔记本

在跟客户谈业务的过程中，一定要把和客户交流的重要信息记录下来，包括你对客户的承诺。你记录的同时，也能让客户看出你的认真。

【案例分享】

在利用销售道具这个技巧中，我分享一个案例。

有个业务员因为家里有事要离开一段时间，但是他说处理完事情之后还回来。

这让我很为难，如果交给其他业务员代管，就会出现以下两种情况：

第一种情况是，刚接管的业务员接手后，用心搞业务，老业务员回来后让他交出来，刚接管的业务员就会难受，觉得自己丢了一块肉。

第二种情况是，新接手的业务员觉得最后还要还给老业务员，就不好好拜访，最后荒废了业务。

这两个结果都是我不想看到的，我决定代管一段时间。

我打印了这个业务员近三个月的销售流向，去拜访客户，看客户有没有缺货。最后发现，客户拿到这份流向后，很少看自己卖了哪些货，而是看别的药房拿了什么货，别家卖得好的货自己也要卖。最后，很多客户下了新品的订单，刚开始我不知道为什么，后来反思才明白，客户有这种心态，别人卖得好的产品，自己也一定要卖。打印出来的销售流向就成了很好的销售道具，可以直接带来订单。

第五节　做好形象准备

1. 你的形象价值百万

形象问题是基层销售人员容易忽视的一个问题，贵州药店联盟的魏秘书长跟我说过，在培训的时候告知业务员谈业务的时候一定要注重着装，不要穿得太随意。

你的形象价值百万。在销售领域，端庄大方的服饰仪容意味着销售成功了一大半。很难想象，谁愿意和一个穿戴不洁、举止粗鲁的人谈生意。虽然不要看人的外表，内涵才是最重要的。可是，刚刚接触你的客户对你不了解，只能"肤浅"地通过对你的第一印象、你的外表和言行举止来判断你是否值得合作。

华尔街有句名言："永远不要和穿着烂皮鞋和脏皮鞋的人做生意。"尤其是陌生拜访，初次与人打交道，谈话效果的45%取决于穿着。穿着让人家看起来舒服，沟通起来自然也顺畅很多。

如果你们公司有工装，既能够让客户快速识别并记住你，又在无形中向客户传递信心及你对企业的认同，进而客户才会认为你值得信任。

2. 如何通过形象获得客户的好感和信任

（1）销售人员的着装要和客户的层级和见面的场合相匹配

拜访连锁药店的总部高层，可能要穿得正式一点，拜访门店可以穿得休闲一点。如果你穿着西装扎着领带拜访门店，就会给门店店员压力，或者尴尬，或者不适。

（2）外表保持整洁

男销售人员尤其要注意自己的鼻毛和胡须。仪表处理不好，极容易给客户邋遢的感觉，对谈业务也没有兴趣。

（3）适当地佩戴一些配饰

你的配饰可以透露你的实力和情趣，而你的实力和情趣无形中会促进业务的发展。

（4）饱满的精神状态

不管什么时候，做销售的人表现出来的都是充满自信和激情的精神状态，我相信没有哪个客户喜欢跟一个边谈业务边打哈欠的业务员谈下去。

（5）较强的语言表达能力

语言是陌生客户了解我们的重要渠道。在与客户交谈时，要注意三个原则：语调要和缓，表达要热情，语气要充满信心。声音洪亮，避免客户听不清楚，需要你重复。尽量不用口头禅，这会显示你的表达能力弱或者紧张的状态。

表达时要掌握好语速，语速过快，别人听不清楚；语速过慢，就会给别人充分的准备时间。表达的词语要准确，尽量少用"可能、大概、也许、好像"这一类的词语，它会显得自己信心不足，从而影响客户对你的信任。

（6）保持微笑

销售人员首先要具备亲善的笑容及一份对客户的热诚。诚挚、热情是打破客户之间障碍的唯一良方，礼貌亲切的笑容散发出的化学作用，会促使客户做出成交的决定。即使客户不成交，相信也会留下信任及难忘的印象，为下次成交做铺垫。

（7）坐姿和站姿

站有站相，坐有坐相。坐椅子或者沙发的时候身体向前倾，微微左右摇动和点头，以表示对客户表达内容的肯定，不要依靠靠背或者椅子背。

（8）眼神的交流

眼睛是心灵的窗户。业务沟通谈判中，不能东张西望，这样会给客户不专心的感觉。同理，客户东张西望说明他对你表达的内容没有兴趣，你要用眼神把客户吸引回来。与男性交谈时，我们的眼睛要看对方的鼻子附近；与女性交谈时，我们眼睛的焦点在对方的嘴巴和下巴的位置即可。在整个交谈过程中，偶尔看一下对方的眼睛，这样交流起来会更加自然、舒服。

（9）配合一些手势

在表达时配合一些手势，也会让销售人员的表达更加自信。

第六节　28个常见问题话术

对答如流，是每个优秀的业务员必须做到的。只有对答如流，才容易和客户达成一致，形成合作。

我将陌生拜访谈判和后期拜访补货中经常碰到的一些例子列举出来，

汇总一些话术供大家参考。

在运用下面话术的时候，要根据实际情况调整使用，不能生搬硬套。掌握回答的时机，客户有疑问的真实意图、谈判的氛围、个人魅力都会影响话术使用的效果。

1. 产品价格太高了

第一句：张经理，你说我们的产品价格贵，不知道是相对于哪个产品来说贵？

第二句：你说的是零售价贵还是供货价贵？

第三句：其实零售价贵也是你想要的。你只是担心这么贵的零售价怎么卖出去？这么贵的零售价产品效果如何？这个产品卖出去需要我们共同合作：一是你这边碰到主诉××病症的人就可以推荐这个产品，来买××产品的人就可以联合用药；二是我们这里也有检测体验活动或者驻店促销活动来配合你这边的销售。

第四句：你说供货价贵，这个也很正常，不管我们报什么价你都会觉得贵。相对于同类产品而言，我们的产品确实贵一些。主要有以下几个原因：

一是我们是品牌企业，产品的原料、工艺、包装等要求比较严格，产品价格自然高一些。

二是我们的产品做广告、做临床，成本高，但是也帮助了我们零售终端的销售。

三是我们既提供产品也提供服务，后续有培训、业务员拜访门店、协助动销都需要成本。

四是我们实施区域保护，对我们来说会损失一部分合作客户，价格稍微贵点也正常。

五是我们也有一些政策，量大从优。

2. 产品零售价高伤客

伤客的不是零售价高，而是不专业的推荐，卖给了不适用的消费者，导致产品效果不好。消费者买药不是图便宜，而是要解决病痛。

3. 同类产品太多了

第一句：张经理，同类产品多，说明这类产品在你这里销量大。不知道你说的同类产品有哪些？（找准目标）一个月能卖多少盒？

第二句：我们的产品和你说的产品不一样。从产品层面说，可以从组方、剂型、功能主治、禁忌症、使用方法等对比；从服务层面说，他们没有业务员拜访门店，也不管产品动销，而我们有……按照目前其他同规模连锁药店的销售情况来看，我们合作了，至少月销售量达到1500盒，还不会影响你现有产品的销售，我们纯做增量。

4. 政策返利的力度不大

第一句：张老板，是这样的，不是我不想给你大政策，而是我们公司的政策返利都是根据进货量申请的，你有多大的量，我就帮你申请相应的政策。

第二句：你是第一次跟我们公司合作，可能对产品的信心不足，我觉得可以尝试合作，看看我们的产品销量和服务质量怎么样。如果产品卖得好、服务满意，你再按政策多拿货，这样返利的力度就大了。

第三句：你和我们合作2年多了，销售也比较稳定了，我觉得你可以多拿一些畅销产品的货，然后享受比较大的返利政策。

5. 不接受现款，想月结或批结

只要每月进货量达到公司的要求，可以考虑月结。不管你拿多少货都会在规定的时间送货上门，你要是只报几十元的计划，并且还要月结，这买卖就不好做了。

6. 近效期药品能不能处理

首先，近效期6个月以内的产品我们保证不会出库；其次，我会经常拜访你，时刻关注产品的销售情况，确保店里不会出现滞销的情况。一旦出现滞销，我们会通过促销甚至退货来解决，确保不让你有无谓的损失。

7. 现在有点忙，你把东西放这里，我有空再看

这可以分两种情况来看待。如果药店老板真的忙，可以说："没事，你先忙！我参观一下你的药店和药品品类，等你空闲了我们再谈。"

如果老板只是讲托辞，我们就用数据吸引他，可以说："赵老板，你再忙，我也建议你看看我们的产品，一个月可以让你赚1万多元。"

8. 老板不在，等老板来了再谈

"我不是一定要找老板，和你们聊天会了解更多关于药店的信息。另外，销售药品还得靠你们，又不是老板在卖药，你说是不是？"

老板不在，我们可以了解药店和产品的信息。如果店员好说话就直接看；如果店员不好说话，就编个故事：我记得你这边也卖我们的产品，我去看看。了解竞品的情况，看有没有认识的企业，以及看店员卖药和药店经营有没有特色，为下次谈判提供信息。

9. 店里还有货，暂时不需要

我刚在店里看了一下，确实还有货，不过有2个品种分别只有1盒了，我建议你一样进20盒，免得有人要时没货，到时候流失客户，再加上你现在纯销比较稳定，我建议你进这个数量。

10. 客户当我是空气，不搭理我

换个时间来拜访，或者找店员了解一下老板，对老板有所了解后再来拜访。

11. 能不能保证独家经营

关于这个问题我们也是根据你的销售情况决定的，要是卖得好，我完全可以保证你独家经营，但是卖不好，我就没法保证了。

12. 老板直接说不需要

老板，我刚看了你店里的货，旁边许多药店都有我们的货，就你没有，要是顾客来你这里却没有货，肯定会影响客流量的。

13. 零售价是否稳定

我们公司做控销已经×年了，市场价格一直维护得非常好，不然也不会做这么多年。若其他药店价格有问题，你直接与我联系，我立刻处理，包你满意。

14. 类似的产品有点多，怕不好销售

类似的产品多，说明这个产品的销量大。你看我们这个产品价格适中，不高也不低，刚好可以填补这个价格带。另外，我们的产品也比你说的那几个类似产品有特点，不管是从品牌、剂型、价格带等方面，我们的产品都有优势，你应该考虑淘汰那些卖得不好的产品，而不是拒绝可能让你盈利的产品。

15. 进货价为什么每年都上涨

不是我们想涨价，而是大多数药企都有不同程度地涨价，我们也是按厂里的指导价格定价的。

16. 开票价是否和连锁店一样

这肯定是有区别的，毕竟大家的销量不一样。但是我们尽量从规格上区别，可以根据你的进货量申请最大的优惠政策，我们的零售价都是一样的。

17. 货太多（别人家的），等清理完了再进货

根据在店里观察的实际情况决定，看压货的是哪一类产品，有没有哪个品类并没有压货。确实需要关注压货了多长时间，要找机会和老板谈；要是店里没货了可以进一步和老板沟通。要尝试着和老板沟通，虽然压着别人的货，但是我们的货也要保证适当的库存，毕竟部分消费者用了我们的产品，一旦没有或者强行替换容易造成消费者流失。另外，应关注客户的库存压货。

18. 淡季生意差，不进货

我这里有几个夏季非常好卖的品种，能帮你吸客、增量。你一定要试试。

19. 没有钱，生意不好，不进货

你进我们家的货，我们可以过来帮你做动销活动。安排专员做检测、专人做宣传及布置活动场地。

20. 直接打公司电话报货

张老板，在我这里报计划可以根据你的金额申请一定的政策，直接打公司的电话是享受不到的优惠的。另外，你直接报计划，就享受不到我给你带来的服务，我把联系方式留给你，方便你到时候联系我，争取早日合作。

21. 你们公司的普药价格比别人贵，而且不返点

现在国家严管是趋势，合规化经营也是趋势。为了药店的经营安全，也为了我们公司的经营安全，必须这么做。多花点钱进能安心销售的产品，我觉得还是划得来的。

22. 你们产品好卖，就是不赚钱

不是我们的产品不赚钱，而是你没有好好利用我们的产品赚钱。我们的产品是广告或者临床拉动的产品，本身能给药店引流。你根据消费者的实际病情联合用药就挣钱了，你总是低价销售，卖的又少自然觉得不挣钱。

23. 我这里没有这类患者

没有这类患者不重要，重要的是你需不需要这类患者。我们合作会通过义诊、检测、体验帮助你的诊所引流这部分患者。

24. 等别人的货卖完就进你的货

反正要进我的货，不如我先放20盒，你先卖别人的货。我们的产品批

号新，保质期长。

25. 这类产品我不会卖

不会卖不要紧，我们有专业的学术培训，也经常分享一些店员、医生的销售案例。

26. 你们的产品包装盒太丑了

你觉得丑，是因为你对我们的产品不了解。这种包装其实是……产品疗效好才是核心因素。

27. 你们能给店员发奖励吗

这要与客户的实际情况和前期的调研相结合，不要轻易说有，要不然采购人员会想办法把这部分空间要去。

28. B2B 平台上的价格比你们便宜

B2B 平台的价格确实比我给的价格便宜，但是平台的货源和效期不稳定，也没有后续的服务，金额少还需要拼单。根据你的情况，你愿意在平台上拿货也可以，毕竟平台的价格我实在给不了，但是从我手上拿货的优势也跟你说了，你可以自己评估。

第四章

终端客户开发方法（上）

只做老客户的维护，不开发新客户，不叫销售，顶多算客服。开发新客户，是每个销售人员不管处在销售的哪个阶段，也不管销量做得如何，都是不能忽视的事情，也是需要持续做的事情。我们的收入取决于我们的客户数量和质量，而每一年总有客户离我们而去，总有客户质量下降，因此终端客户开发成了一件必要的事情。

第一节　八个客户来源

潜在目标客户寻找是否精准、快速，直接影响销售人员能否在最短的时间内快速做出业绩。善于寻找潜在目标客户，这是优秀销售人员的必备素养。

作为业务新手，我们到哪里去寻找客户？

1. 按区域扫街

这个方法最辛苦，但最有效，也是业务员必备的基本功。想长久地在医药行业做下去，最忌讳的就是求巧。按照自己的区域，一条街一条街地去找药店、诊所。如果有纸质的地图最好，可以在地图上标清哪些街道你已经走访过了，也可以让你熟悉区域。做久了就会发现，两个人见面，说具体的地方大家找不到，但是一说在某个药房相见，自然就能够找到。

扫街的过程中，不管客户是否合作，都要登记客户的一些基本信息，比如负责人的姓名电话、药店名称、地址等，以便二次开发的时候有印象。

2. 同行推荐，包括主动和被动

多交朋友。通过同行，我们可以知道很多的药店客户信息，可以要求和同行一起拜访门店，但是有的同行可能不愿意，那你就"以利诱之"。比如一人开一天车，两人一起拜访门店既节约了成本，也让大家在面对陌生客户的时候敢进场谈判。

3. 店员/护士推荐

在拜访门店过程中，要多和店员聊天，问问以前他在哪个药店上班，资历老的店员几乎不可能一直在一个药店上班，问问他以前上班的药店，看有没有价值去开发。地址问清楚，老板的信息也问清楚了，这样找药店的效率和谈判的成功率都会提高。

找到新客户，一开口就是："××药店的张×老师推荐的，说你的药店不错，我们的××产品在他现在工作的药店卖得不错，她建议我过来的。"这样老板还会感激那个店员。

当然，这里要了解店员离开的原因，如果是因为矛盾离开的，你就不要提太多，免得客户反感，要灵活把握情况。

诊所的护士流动性也比较大，也可以通过她们了解其他诊所的情况，以便于开发。

4. 老板/采购/医生推荐

单体药店的老板、连锁药店的采购、诊所的医生都不是孤立存在的，单体药店的老板有自己的小圈子，可能是自己的亲朋好友在开药店，还经常聚会。连锁药店的采购也一样，厂家经常组织他们一起交流，彼此之间都认识，所以我们要把这个圈子利用起来。在工作中，我们不要让自己失信，这样不利于后续工作的开展。

基层诊所的医生也有自己的圈子，要学会挖掘。

有一个销售习惯要保持，每次离开的时候，就说一句"能不能给我介绍几个客户"。只要你坚持一个月，客户数量就会增长10%。

5. 导航寻找

这就是比较偷懒的办法了，我不建议大家使用。因为导航永远只有局部区域，并且所有的客户不一定都在导航上，还有那些新开店或者关门的客户也不一定及时更新。

陌生拜访某个区域，没有发现客户或者怕有遗漏，倒是可以打开导航看看。有些药店设在小区里，还是比较难找的。

当你发现某个区域没有药店的时候，也可以问问路人或者小区的居民，平日在哪里买药。找到药店之后，你说："张老板，你的药店还是比较难找的，问了几个居民都指向你的药店，看样子你的药店在这一片还是比较有影响力的。"这样诊所的老板可能对你会有几分好感。

6. 各种微信群、QQ群

我们可以在群里看到大家讨论某个药店而你没有拜访过，你可以去跑群里的这些客户，可以添加私信，也可以去拜访。

7. 档案挖掘

根据公司老业务员的客户档案或者上当地药监局的网站在信息查询中查找。帮诊所大夫去丢医废的时候，看看登记表上有没有你没有拜访过的诊所。

8. 主动来电

这类客户主要是你的产品在某个药店卖得不错，或者是临床带动的，客户主动来找你要货。这主要考验的是你的产品力和你做业务的基本功，比如陈列做得好，药店之间互相暗访的时候看到了你的产品或者你的客情做得好，药店之间互相学习的时候你的客户推荐了你的产品。

客户来源的形式和方法很多，只要我们在工作中留心，客户来源的渠道就会越来越多。

第二节　谈判找对关键人

负责采购的人不一样，谈判的要点也不一样。我这里主要讲的是连锁药店或者组合药店的老板、单体药店的老板、诊所老板。

1. 老板

优势是"一把手工程"，有"三免政策"，可以免你的进场费、流向费等。劣势在于老板不好约见，对谈判者的能力要求高，谈判没有退路，容易引起中层干部的不满。

你越级谈业务，下面的采购生气不执行，就会给你出一些合作障碍，比如后期的铺货、结款会出现麻烦。

我的建议是慎用，建议先按常规顺序谈，如果采购实在不采购，或者你发现采购在和你的竞品有私下合作，跟他谈没戏，这时候找老板谈。

还有一种情况就是采购没有采购实权，这时候你要越级谈判。

和老板谈业务，不要过多强调产品的差价，更要谈趋势、谈未来、谈项目，不要去跟一个老板谈毛利、谈政策。毛利和政策是采购关心的问题，不是老板关心的问题。你跟老板谈风湿骨病看起来现在是小品类，但是风湿骨病老年化和年轻化是趋势……谈未来就是，通过我们的终端工作，可以给你引来客流，提高药店的形象，不仅卖我的货赚钱，引来客流，卖别的货也赚钱，整个药店的生意都会好起来。

在这里补充一点和客户层谈业务的技巧，要做好准备工作，对这个客户背景的调查，对所谈产品品类的调研，确定好谈判的主题和目标，如果能够整理成精美的PPT去谈效果会更好。心态要放松，不要因为对方职务高而把自己搞得很紧张，多谈大趋势，寻找合作中的共同需求点，多用请教的口吻，但是不用过分谦虚。

2. 采购

优势是符合一般流程，适合大多数谈判，平时客情关系好谈判进场容易，基层操作性强。劣势在于，关系到采购的利益，要进场费等。

我在这里要补充的是，虽然采购有"营业外收入"的压力，但是也能少收或者不收。对于各种费用，我们能不给就不给，能给货就不给钱，能少给就少给。

有些连锁药店的商品部，运营部对产品的进场也起到关键作用，我们要做好调查，以免走弯路。

3. 店长和店员

有些单店或者组合药店或者小连锁店会授权店长或者某个店员有购进产品的权力，这时候找店长、店员比找采购、老板还管用。有些医生合作制的诊所，医生虽然不是老板，但是也有购进产品的权力，这种情况大家要具体问题具体分析。

优势在于进场容易，省费用，个别店突量快。劣势在于不稳定，全面开花难度大，容易被抛弃。因为你可以用这种手段进入，你的竞品也有可能套用类似的方法，不容易建立竞争壁垒。如果你是守信用的业务员，客情关系也维护得不错，加上你的产品有量，店长也不会轻易替换的。

找对关键人是我们业务谈判产品进场的关键。那么谁是关键人？每个终端的情况都可能不太一样，关键人也不一样。总结起来，谁有权力引进我们的产品，谁有权力提高我们产品的推荐级别，谁能给我们的产品下任务定指标，谁能够定我们产品的销售策略，谁处方我们的产品，谁就是我们的关键人。没有找对关键人是产品无法顺利进场、后期难以上量的关键因素。

4. 诊所大夫

绝大多数的诊所医生都是自己负责进货、处方、结款。但是有一些规模大的连锁诊所，或者几个医生合伙的诊所，或者医生只是外聘，采购另有其人的，大家要学会识别，找准关键人是谈判是否有效的关键。

第三节　陌生拜访，负责人不在怎么办

在开发市场的时候，我们避免不了陌生拜访，但是在陌生拜访中，我们遇到的最实战的问题就是，店员或者护士告诉我们老板或者医生不在。

一般遇到这种情况，销售人员有以下两种做法：

第一种，70%的销售代表在问了老板的姓名之后就离开了。通常情况下，能拿到老板手机号的概率比较低，但是我们还是要尝试性地问一下，不给就算了。给了，算是捡了一个大便宜。

第二种，30%的人会选择和店员或护士聊天。一般情况下，店员或护士和你不熟，一般也接不上话，销售代表也尴尬，说一句"你先忙，我改天再来"就离开了。最后，有可能是你去了几次老板都不在，突然有一天合作上了，你发现老跟你说老板不在的那个人居然就是老板，这种事情常发生。

那么，对于老板不在这种情况，我的建议是不要轻易离开，因为对你的下次拜访没有任何意义，不能为下次碰到老板促进合作形成帮助。有的人问，我该做点什么呢？

1. 尽量多问老板的相关信息

尽管店员不给，或者不说实话，但是我们还是要问问，比如老板的手机号是多少，老板一般什么时候在店里，老板一共有几家店，店里一共有几名店员等。

2. 征得同意，在店里转转

比如，我看看，这方面的产品店里都有哪些厂家在卖？如果你觉得这个店员比价"凶"或者不友善，你就说在商业流向上或者之前的业务员有卖过××产品，店员给予否定的答案时，你故作不相信，去看看。在这个过程中，你要尽量获取以下信息：

A. 看一看这个产品适合什么类型的店，是以高毛利产品为主，还是以品牌产品为主；整体价格是什么样的，是不是平价药房；看看你的产品群可不可以和它相匹配，为下次谈判的时候准备好说辞。诊所就看贴了哪些产品的海报。

B. 看一看有没有你熟悉的厂家在这里面做，只要通过陈列和品种的数量就可以判断出是自然流还是有人维护。你也可以从店员那里得到答复，比如你问店员："看××厂家的产品你店里放的挺多的，是不是××业务员跑你这里啊？"通过这种形式在店员那里得到答案。如果答案确定，你就可以和这个厂家的业务员了解更多关于这个药店的信息，包括销售关键点、老板谈判的关键点等，以为你的下一次谈判做铺垫。

C. 看一看竞品的信息，包括竞品的陈列位置和库存，能看到批号更好，可以判断出竞品的销售状况，可从品牌、剂型、价格带等方面有所补充。我曾发现某个销售以妇科外用没有"泡腾片"这个剂型作为突破口，跟客户以"完善基本剂型"为话题达成过合作。另外，也可以问店员，你的主要竞品有没有业务员经常过来拜访门店等。

D. 观察药店或者诊所有没有什么特色。比如陈列整洁干净、销售氛围布置得好、店员的销售技巧强、服务态度好、卖药专业性强等，都可以作为以后和老板谈判的话题，免得一上来就谈产品的尴尬。

E. 观察药店或者诊所有没有留下老板的信息，比如店员告诉你老板姓张，你就看看招聘启事，或者药店的 LED 显示屏上有没有老板的电话，等等，为电话预约提供方便。注意：如果你和老板通电话，千万不要在电话中谈业务或者报价，这么做，你有可能和老板连见面的机会都没有，老板会以"同类产品多或者价格贵"为由拒绝和你见面。

F. 有一种店员一定要引起你的注意，就是话多的店员。比如问你，你是哪个厂家的，你主要推广什么产品。一般话多的店员都是有想法的店员，你可以提一些假设性的问题，比如可以问你觉得我的产品在咱们店里想有好的销量，有什么建议，店员可能会给你支招。

获得相关信息后，在碰到老板的时候，请用这样的开场白："张总，你这个店，我一定要和你合作，因为有三大理由……"你想，这样的开场白，能不让老板继续听你说下去吗？这三大理由全是对他药店的赞赏，这样业务谈判就顺利多了。

第四节　终端客户开发谈判八步骤（上）

在业务谈判中，可能步骤不会按着这个顺序，但这几个环节一定会在谈判中出现，要灵活掌握并在业务谈判中发挥作用。

1. 说好开场白

在 OTC 销售中，精益求精的开场白是 OTC 陌生拜访成功开发客户的关键。一般来说，在和客户见面的 5~10 秒，客户就会对你形成初步想法，在接下来的 1 分钟内，如果你不能够得到客户的肯定，你就会被一句"暂时不考虑"为由拒绝。因此，开场白非常重要，如果不够出色，你就只能出门。如何在陌生拜访中说好开场白呢？

（1）选择好时机

时间不对，一切就是错的。我们一定要抱着"坐下来慢慢谈"的态度来谈判，不要慌张。

以下时间段，不适合谈判业务：早上 9：00 之前，原因在于客户刚好做好了卫生，在整理内务，这时候自然没有时间接待你，11：30—13：30，这个时间段客户午休了，自然没有时间招待你。连锁药店的客户 16：30 以后也不要谈判业务，连你都准备谈完这个客户回家，何况你的客户？单体药店和诊所受这个影响不大。

你发现某个医生在某个时间段的病人特别多，新品谈判的时候尽量避开这个时间。

以下情况，你需要等一等，不要急着上前谈业务：

第一种，客户正在卖药或者结款，这时候他没有时间理会你，你最好等他做完这单再开口。诊所大夫正忙着接诊也属于这种情况。

第二种，连锁采购准备开会或者在打电话汇报计划。

第三种，拜访同一个客户的人很多，还没有轮到你，你最好排队不要插队。否则将被一句"暂时不需要"为由而打发，或者是"你先把资料放下，有需要联系你"。

（2）注意说话氛围

不管选择了多么好的时机或者准备了多么精彩的话术，如果你不能轻松自然、面带微笑、有感染地表达，再好的话术也白搭，客户不愿意听你说也白搭。

不能吞吞吐吐表达不清。应该调整好情绪，始终保持微笑，有感染力、充满自信地和客户进行交流。自信的语气能够让你更加令人信服。

我们也可以根据"DISC 性格分析法"迅速发现客户的性格特点，针对性地采用适合客户的方法进行聊天。这个方法的难度有点大，大家可以自行学习。我在这里讲比较容易操作的方法，有几个要点大家要注意一下。

在交谈时有"三不准"，即不要打断别人，不要轻易地补充对方的话，不要随意更正对方，因为事物的答案有时不止一个。不是原则性问题，要接受对方。在谈业务中，我们要表现出尊重客户：一是在人际交往中要善于使用尊称，称行政职务、技术职称等；二是记住对方，比如接过名片要看，记不住时不要张冠李戴。在交谈中找准机会赞美客户，让他更愿意和我们谈判。如果能做到这些，基本就可以建立一个比较愉快的沟通谈判氛围。

不能用同一种方法面对所有的客户。同一种方法并不适合所有的客户，你必须事先针对不同类型的人准备好不同的应对方法。

我们要学会找到适合的沟通方式与各种类型的人进行沟通。

(3) 话术与众不同

时机到了，氛围也营造好了，你的销售话术能不能拿下客户很重要。你再自信，说出来的内容没有吸引力，不能让他静下来听你说，一样会被打发出门。开场白可以从三个方面展开：建立关系、建立需求、引起兴趣。

在建立关系方面，提及客户熟悉的第三方，或者你和他有相同之处，比如同姓、同名、同乡、同校、同窗、同爱好。

A. 张经理你好，我是××药业的鄢圣安，仁和药业的小周和你这里合作得不错，他推荐我到你这里来，看咱们能不能合作？

B. 张经理你好，我是××药业的鄢圣安，安心堂的安姐卖我们的产品不错，关系也挺好的，她说跟你是好朋友，让我来你的店，看咱们能不能合作？

C. 鄢经理你好，我是××药业的鄢圣安，听别的业务员说你跟我一个姓，咱们这个姓比较少见，今天专门过来找你谈谈，看咱们同家门之间能不能有所合作？

D. 张经理你好，我是××药业的鄢圣安，昨天在QQ群跟你聊过，今天专门过来拜访你，看咱们能不能有所合作？

在建立需求方面，我们要善于发现需求和创造需求，可以提及客户目前最需要解决的问题或者出现的一些问题。

A. 王经理你好，我是××药业的鄢圣安，昨天过来没有见到你，我大概看了一下，药店的妇科外用药虽然比较全面，但是缺泡腾片，碰巧我们公司有这样的产品，看咱们能不能合作？

B. 王经理你好，我是××药业的鄢圣安，昨天过来没有见到你，我大概看了一下，你药店的妇科外用药虽然比较全面，但是价格带有缺失，只有低价格和高价格的药品，缺乏一个中等价格的价格带，碰巧我们公司有这样一个价格带的产品，希望有机会合作。

C. 王经理你好，我是××药业的鄢圣安，现在药店销售进入旺季，看附近的A药店开展了促销活动，我们公司可以提供支持开展大型的促销活动帮你吸引客户，你看有没有兴趣合作一下？

D. 王经理你好，我是××药业的鄢圣安，我们采用控销的销售模式，你的周边药店都不会放货，你可以享受独家销售带来的利润，不用考虑乱价带来的风险。咱们能不能合作一下？

在引起兴趣方面，咱们不追求一鸣惊人，至少要让他产生兴趣，有继续听我们讲下去的兴趣。在这里，我们可以赞美客户，但要言之有物，我们可以用一些数据来说话。

A. 高经理你好，我是××药业的鄢圣安。我们有一个产品××胶囊，在单体药店的销量非常好，单店一个月100盒没有问题，想向你推荐一下。

B. 高经理你好，我是××药业的鄢圣安。听说这个药店是咱们东西湖区数一数二的单店，我们也有好的产品，很愿意和你这种优质的药店合作，共同发展。看咱们能不能合作一下？

C. 高经理你好，我是××药业的鄢圣安。我们有一款适用范围广、回头客多、容易上量的产品，看咱们能不能合作一下？

D. 高经理你好，行业内的人都说你为人爽快，经营药店有自己的一套方法，今天慕名而来，看咱们能不能有所合作？

在这里，再给大家介绍几个说开场白的形式：
A. 提及客户现在可能最关心的问题
每个人只关心和自己有关的事情。

张经理，你看现在线上分流、连锁药店扩张，药店的客流量受到很大的影响，要是哪个厂家可以帮助药店提升客流量，我想药店老板都喜欢跟他合作。

B. 谈到客户熟悉的第三方

张经理，我是安心堂大药房的李老板介绍过来的，说你们都是一起开药店的，我们公司的产品在他们店里卖得还不错，就介绍我过来看看。

C. 赞美对方

每个人都爱听好话，客户也不例外。

张医生，到村里面一问，村民都说你的医术最好，头疼脑热都来你这边看。

D. 提及他的竞争对手

我卖的不愿意对手卖，但是对手卖的我一定要卖。但是，这要分情况，有些人就是竞争对手卖，他一定不卖。

马老板，我们这个产品和××连锁药店合作几年了，一直卖得比较好，市场基础不错。

E. 用数据引起客户的兴趣和注意力

没有人会对利益不感兴趣。

张经理，这个××胶囊卖得不错，像你这样的店，一个月至少给你带来5000元的利润。

F. 有时效的话语

谁都不愿意放弃东西便宜的机会。

张经理，我们公司这个月搞活动，凡是新开发的客户送10袋板蓝根颗粒，20袋午时茶颗粒。

销售开场白无定式，只要你说的话能够引起客户的兴趣，能够给你继续说下去，或者你们继续聊下去的机会，就是好的开场白。开场白也可以

077

根据这个客户的来源来说，尽量避免和其他厂家的业务员类似的话术。请大家记住，只有与众不同才能脱颖而出。

但是说开场白的前提是，你得有个好的形象，当你满头乱发、衣衫不整时，客户连听你说第一句话的兴趣都没有，再好的开场白也会大打折扣的。

2. 产品介绍

据我观察，至少超过85%的终端销售人员在开发新客户时是这样的场景：自我介绍完之后，递给采购人员一本产品彩页，然后默默地等待答复，或者喋喋不休地自言自语。采购人员一直不吭声，最后来一句"这些产品或者同类的产品，我们都有，暂时不需要，有需要再联系你"，然后，你也礼貌性地告别了，出门之后，又用同样的方式跑下一家药店或者诊所。

你寄希望于有一个伯乐（药店、采购、诊所、医生）能相中你的好马（产品）。事情说到这里，你大概知道，你为什么老是被别人拒绝了吧。

销售人员越着急介绍产品，越容易引起客户的反感，越容易失败，心急吃不到热豆腐。和客户沟通业务，就像吃饭一样，先喝点汤，再吃点凉菜，再上热菜，吃完了再上个果盘。切记：不要一上来就开始介绍产品。

在我们前面的开场白和寒暄预热之后，我们迅速了解到了客户的兴趣和需求，我们再开始有方法地介绍我们的产品。一定要在良好的沟通氛围下介绍产品，要不然你讲得再精彩，氛围不对也没有价值。

（1）要有重点或者主题地介绍产品，不要让客户自己乱翻彩页

在销售实战中让客户翻彩页，谈判死亡率为90%以上。抛开价格不谈，在产品严重同质化的今天和终端产品信息丰富、产品过剩的当下，就算没有同名的产品，同类产品也不少，你让客户自己翻，结果只有一个——拒绝。面对"这些产品我们都有"该如何破解？

第一，有重点地介绍产品。 在客户准备开始乱翻彩页的时候，你就要说话了。一是引导客户看你的重点产品。

张经理你好，第一页的××气雾剂是我们公司的核心产品，也是我合作的那些客户的必备产品，现在单店销量都在50盒以上，它的主要功能是……（开始说产品知识）引导采购人员来关注。

或者你之前看过他店里的产品结构。张经理，我看了一下，你店里的妇科外用产品缺一个剂型"泡腾片"，我们公司有××泡腾片，很多单店都在卖，效果好，利润空间大，泡腾片的优势在于……（产品知识展示）

或者说我们有个泻火的产品××片，传统的泻火药，都在几元、十几元左右，但是我们的产品卖24元，效果非常好，组方里比其他产品多了一个××成分，大大提高了治疗效果。你这样卖，可以减少推荐的难度……（销售技巧展示）

第二，有主题地推荐产品。比如这个季节皮肤过敏和脚气用药开始提量的时候，你可以针对这个季节的产品做重点推荐，进产品多少盒可以享受到什么样的销售政策等，也可以提前准备夏季暑湿类产品的提前政策压货等。

第三，谈判中挖掘客户的需求。在和客户交流的过程中，我们可以通过对客户的反馈挖掘需求，比如在看产品彩页的过程中，客户说风湿骨病的这类产品在我们店卖得不行。这时候，机会就来了，你可以说：张经理，不是你的药店不行，也不是风湿骨病的药不好卖，而是和你合作的厂家没有方法。你看，我们的××产品是这么操作的……开始介绍你的动销方法和服务措施，或者和客户在聊的过程中说道，我这里卖的几个牙疼的药效果不太好。这时候，如果你有这一类的产品，就可以单独拿出来谈。

总之，你要引导采购人员看产品彩页和挑选产品，不要让他一个人唱独角戏或者你一个人唱独角戏。

我还要强调的一句话是，在进药店门之前，你必须停止脚步，思考一分钟，进去后主要谈哪些产品。如果这个目标你不明确，让客户自己挑，客户翻着翻着就说不需要了。

(2) 不要背诵产品知识，最好是一问一答

产品知识是解决所有销售异议的有力武器。我自己做销售或者在内训中，要求OTC销售人员准备一个产品的三个版本的知识：

"一分钟产品介绍"，就是开始介绍产品时，你要在最短的时间内把产品说清楚，它是治什么病的，与别的产品有何不同，能解决消费者什么痛点。

"五分钟产品介绍"，对产品知识进一步细化，能够更深入。

"半小时产品介绍"，除了产品知识还要融入销售故事，让产品的效果更能生动化地体现出来。

而现实谈判中和内训演练中，我发现多半会出现两种极端：

一种是没有话说。超过70%的OTC代表，介绍自己的核心产品时，用时不到15秒讲完，此时你自己测试一下！这一类销售代表显然是产品知识不丰富，自己家里有个金坨坨却没有发现。

另一种是喋喋不休。像机关枪一样，一梭子打完！这一类是产品知识丰富，却没有很好地演绎出来，不考虑采购人员的感受。

所以最好的方式是，先一分钟之内把产品说清楚，然后采购人员问什么你就回答什么。一问一答，话不多，却解决了采购人员最关心的问题。

（3）独角戏，没有让双方同时参与销售

销售谈判没有互动就没有共鸣。很多时候，我们碰到的情景是这样的：采购人员在独自看产品，你在等待回音，或者你一个人在喋喋不休地讲解产品，采购人员却在玩他的手机或者电脑，客气的采购人员稍微应付一下你，说："先放下我看看，有需要再联系你。"那么我们该如何破解这一令人头疼的事情？

第一，引导采购人员看彩页，提高他的关注度。前面内容中已经讲解。提高采购人员的关注度有一个办法，就是把产品的样盒或者样品递到他手中，或者让客户试用（根据产品特性）。

我在推广××酸锌口服液时，开始采购人员不感兴趣，给采购人员试喝一次后，觉得口感不错，就决定采购了。在向诊所推广××外用风湿骨痛酊剂的时候，现场碰到有需求的医生直接给他使用，让他感受效果，让他参与销售中了，只有参与进来，他才不会置身事外。

第二，提一些引导性的问题。张经理，你听了我的介绍，觉得我们的产品怎么样？张经理，跟你讲解完这个产品之后，你的销售信心是不是增

强了？张经理，对于这个产品你有什么高见？让他说，不怕他说不好的，只要他说，那么他还是在意的。只要他在意，我们解决了他的疑虑就能成交，不要怕他说，欢迎他说！

至于将产品介绍到什么程度，你要根据客户的耐心或者场景收放自如。比如你感觉客户对你的介绍兴趣很浓，你就可以多说点；感觉客户比较不耐烦，或者客户主动转移话题，你就适当停止，说点他感兴趣的话题。比如有顾客或者患者来的时候，产品介绍就可以停止。

3. 获利分析

客户是商人，尽管我们做的是药品，但商业的目的肯定是盈利，我们要和客户做获利分析。获利分析包括两层含义：一是给客户算账有利可图；二是告诉客户有方法让产品销售出去获得这个利润。

(1) 巧妙解读"毛利率"和"毛利额"的关系

在谈业务的过程中，肯定少不了涉及毛利率和毛利额。但要注意，毛利率只是一个数字，而毛利额是实实在在的钱。

在这里我们要深思一个问题，毛利空间是不是越低，客户越容易接受？很多连锁药店我们给很低的扣率，但是没有人去做门店的维护和动销，为什么他们也不愿意进货？反过来，很多的一线品牌产品，客户却愿意不赚钱卖，甚至赔钱卖？后来我们发现，流量不大的产品客户才会一味地要求毛利，客户其实想要的是产品的周转率、动销率。给客户合理的利润空间，协助客户一起做大流量，把产品变成又好卖又赚钱的产品才是王道。

(2) 始终围绕"产品"和"服务"两个方面来解读

这也是我们业务员在做业务过程中的一个误区，就是一味地强调产品。我不是说强调产品不好，而是当你的产品实在无法打动客户的时候，我们可以从服务着手。

我们始终要记住，营销是由产品和服务两个方面组成的：**产品不足，服务补充**。产品是死的无法改变，而服务是活的，是最容易找到差异化的。竞争对手做不到的我们可以做到，竞争对手想不到的我们可以想到，我们可以做得更好、更有特色，这就是差异化。

（3）利用产品和服务围绕给客户带来"增值""增客""增量"展开谈

我们的产品和服务，都围绕给客户增加整个品类的销售来服务。

比如做风湿骨病药，就说我们公司的店员培训不只是针对我的产品，药店的整个品类都培训，以后店员对风湿骨病的口服药、外用药、保健品、器械都会卖了。

增客，产品的效果好带来回头客，促销活动吸引消费者过来买药都是增客的行为。

增量，通过我们的动销措施和培训，不仅提高我们产品的销量，还可以让整个药店的销量增加。

（4）品牌药自带流量

如果你做品牌药，这句话是不能少的。品牌药具有吸客、留客的作用。如果消费者来找这个药你店里没有，消费者扭头就走了，还谈什么关联用药和联合用药，你连机会都没有。品牌药没有的次数多了，消费者以后就不来这个药店买药了。

（5）客户的获利分析

获利既包括显性利益也包括隐性利益。

显性利益，就是你的产品差价、返利、返药、奖励等。

隐性利益，就是你的终端动作和产品带来更多的消费者，给药店的名声和形象带来的价值。

（6）先谈公利再谈私利

不管是产品的优势还是差异化的服务，最后的落脚点一定是要能给客户带来利益，因为他们是生意人。销售解决方案大于销售产品，如何帮助客户赚钱比你这个产品有多好还重要。

用心了解客户的担心和心愿，用我们的产品和服务来完成客户的心愿并解决客户的担忧。客户见到我们又喜又怕，喜的是这个厂家能不能让我赚上钱，怕的是会不会压货了就不管了。

对于获利分析，我们不能只帮客户分析有多大的利润，更要告知客户怎么获得。这时候，说出我们可以给客户哪些措施和服务来帮助他获利尤为重要。要不然客户说，看起来是利润不错，但是我卖不出去不也是等于零？

4. 疑虑解答

客户听我们介绍完了，肯定还有疑虑，不要怕客户提出反对意见，没有问题就是最大的问题。长期实战经验表明：客户提出拒绝的疑虑总是相似的，不会超过30个。业务员每天被同样的问题拒绝，却从来不思考该如何回答，总是被同样的问题困扰。

在之前的"销售准备"中，我已经给了这方面的话术，在这里就不再重复，大家可以参考前面的内容和本书中的一些案例，其中都有这些话术。

前面内容中讲到的销售道具，比如假订单证明你的产品销量好，终端陈列的照片，终端动销活动的照片，药品销售比较好的销售小票，患者反馈的小视频，拿出来证明你说的都是真的，这就是销售道具。

谈判一定是一件严肃的事情，但是谈判的氛围不应该是严肃的。为了使我们跟客户的谈判生动，能够引起共鸣，我们一定要学会讲故事和列数据的技巧。

经常有学员问我，OTC终端销售技巧的核心在哪里？我用六个字概括：列数据，讲故事。

在很多的业务谈判中，绝大多数的业务员避免不了犯一个错误，那就是陈述性的语言太多，比如"我们的产品非常畅销""我们的产品效果很好""我们的产品利润空间很大"等。

殊不知，只有数据化的东西，才能给人一种立体化或者能够感知到的好处。比如我们应该说"我们的产品在××市终端药店的销售在2万盒左右""我们××胶囊，回头客达80%""卖我们的××胶囊，一盒可以净挣25元"等，数据化的东西更容易打动和感染人。

药店采购人员采购药品，一定会考虑或者关心"周边的药房或者本区域内，这个产品卖得如何"。针对他们的考虑，我们一定要将"列数据，讲故事"发挥出来。我们说道："××大药房，自从1月份引进我们的产品以后，按照我们的动销方案去一步步做，现在一个月的纯销达到2000盒，直接给企业带来了5万元的利润！"这样的数字冲击力，比你说100次的陈述性的语言都强！

在列数据的过程中，我们会在谈论到零售价、供货价、差价、销量、有效率的时候用到数字，因为客户经常会听到业务员谈论，他们也知道都是信手拈来的数字，瞎说不可信，那么你就注意如何让客户相信，就是把数字再说得具体一些。比如零售价是59.8元，供货价是32.6元，差价是27.2元，销量是341盒，有效率是98.625%。这样，客户至少觉得你是专业的老业务员，而不是瞎说的数字。

讲故事，我们的领导，在谈到自己的产品时，总是把产品讲得"有血有肉"，富有感情。所以，他们谈业务时，总是容易感染客户，容易成交。

讲故事，主要应学会讲两个故事。

一是"讲产品"的故事。只有故事才能够吸引人和感染人，我们都爱听故事。产品的故事，包括产品的来源，此方来源于张仲景的《伤寒杂病论》的"黄芪建中汤"，但是发明这个汤剂是这样的……

也可以这样讲产品的故事，比如：我之所以操作这个产品或者销售这个产品，是因为1998年的时候，父亲干农活总是腰疼，后来从亲戚那里借来这个药，喷剂的效果很好，所以当企业找我的时候，一下子就对这个产品非常感兴趣，有一种天生的熟悉感！

讲自己使用的体验：开始时我也不信任这个产品的疗效，当我的小孩出现缺锌的症状时，我就给他服用我们公司的产品。服用两周后，孩子缺锌的症状都消失了，胃口也比以前好多了，最近还感觉他的个头也长高了不少。这个产品有这么好的疗效，我非常想跟你这样的区域性的品牌药店合作，通过合作，满足我们双方对打造品牌的需求！

二是要学会讲销售故事。谈判的时候，通过某一药店的操作取得的成功案例来感染客户，有的人会说，我没有故事，只有"事故"！我想说，有故事讲故事，没有故事就讲别人的故事，总之要用故事感染人。

很多业务员可能也会说，讲故事谁不会，我也经常讲，比如张经理，我们的××胶囊现在在××连锁药店一个月纯销有1000多盒。故事不在于我们讲了，关键在于客户是否相信了，最后是否成交了。讲好销售故事，我们要把握时间、地点、人物、事件、经过和结果。可以和客户这么讲：

张总，你有疑问很正常，我们最开始和××连锁药店合作的时候，也碰到过类似的情况，我们是 2017 年 6 月和××连锁药店合作××产品的，第一个月，他们自然流只卖了 56 盒。我一看，情况不好，马上联系总部做了一场培训活动，培训完以后，业务员又到门店去跟踪。第二个月，我们的销量上升到了 215 盒。还是不满意，我们又开始针对 10 个重点门店，开展免费体验和义诊的活动，花了 2 个月的时间，销量上升到了 817 盒，紧接着我们又开展……到现在，我们一个月的纯销保持在 1000 盒以上了，最多做到 1265 盒。

这样讲故事，客户容易成交的原因在于我们有方法一步步帮助客户做出销量。

客户经常提出的同类多、价格贵等问题，我们在前面章节中有详谈，大家可以回去查阅相关章节。

在解答客户疑虑的时候，不要忘了我们的疑虑：

- 我的产品是什么样的推荐级别？能不能给店员下任务？
- 营业员卖我的货可以拿到多少提成？是否可以在公司群晒单？
- 能否开展产品培训活动？
- 产品陈列位置如何？
- 能否参与连锁内部的促销活动？
- 门店促销活动允许什么时间搞？
- 能否提供每月门店的销售流向？

特别提示：客户真有疑虑还是假借拒绝你要学会识别。要不然你盲目地回答问题没有用，即使你说的再好、再有道理也没有用，因为你没有识别出客户的真实目的。

启示：了解客户的真实需求非常重要。通常情况下，客户嘴上说的和他们让我们做的、跟他们要的往往不是一回事。某种程度上，你越能仔细看清这些东西，搞定客户越容易。

第五节　终端客户开发谈判八步骤（下）

5. 谈判让步注意事项

谈判让步，不管是和客户谈进场还是后期维护和客户谈活动政策，都是需要经历的一个步骤，也是我们要掌握的相应的技巧。

（1）条件置换

谈判让步不是单方面的退让，而是双方条件的置换。你说价格能不能便宜1元，我说那可不可以把月结变成现款或者说我不交进场费，或者说你一次能不能购进200盒，量大从优，总不能是我让了价格，你什么都不让。

在签订年终任务合同的时候，也可以多换一些对动销有帮助的资源，比如晒单、陈列位置、推荐级别、加提、促销等。

（2）让步幅度

让步幅度越来越小，让客户觉得已经接近底线。千万不要在谈判中说我是实在人，直接给你报最大政策了，也许你给的是最大政策，但是客户不相信。

（3）让步时间

让步时间要越来越长，让客户觉得没有那么容易，也表示你是花了时间深思熟虑的，然后讨价还价。

（4）谈判底线

清楚自己的底线，最低到什么价格，到了这个价格无论如何不能做。了解客户预期，他想到什么程度。

有时候，客户喜欢说便宜一点我就进货。很多业务员就让价了，正常的销售习惯应该是，你要问客户，便宜一点是便宜多少钱，我好跟领导申请，是不是满足了你的条件，你就可以下单（防止客户再找理由推托）。打探客户的预期很重要，但是不要轻易满足客户的预期，要不然他觉得自己吃亏了，还会找各种理由拒绝。

（5）让步次数

事不过三，万不可为了一次成交一味地让步。

谈判让步了，为了防止客户再次反悔和推托，我们可以这么讲："李医生，是不是满足你刚才提出的价格要求，你今天就下订单？"

6. 提出成交9法

销售就是要敢于提要求、提成交。

不提出成交，就像瞄准了目标却没有扣动扳机一样。很多业务员在谈业务的过程中，经常是跟客户谈开心了，却忘记了谈进货的事，忘了成交，结果白白浪费了机会；或者业务员害怕被拒绝。可是别忘了，你来干什么，客户是清楚的，你想等客户主动提，要是他不提怎么办？

谈业务，当客户停顿的时候，你就提出一次成交。这也是大家容易犯的一个错误，很多时候谈着谈着双方都不说话了，我们经常转移话题或者说下次再来，其实这时候客户有50%的可能性在思考进多少货，你转移话题或者说下次再来，客户正好不进货了。所以，这时候你提出成交："张经理，还有什么疑问吗，我先给你送××胶囊200盒怎么样？"

提出成交有九种方式，大家根据业务的实际情况来运用：

（1）直接要求法

销售人员得到客户的购买信号后，直接提出交易。使用直接要求法时要尽可能地避免操之过急，关键是要得到客户明确的购买信号。

例如："王总，既然你没有其他意见，就给你送100盒过来。"

当你提出成交的要求后要保持缄默，静待客户的反应，切忌再说话，因为你的话很可能会引开客户的注意力，使成交功亏一篑。

（2）二选一法

销售人员为客户提供两种解决问题的方案，无论客户选择哪一种，都是我们想要达成的结果。运用这种方法，应使客户避开"要还是不要"的问题，而是让客户回答"要 A 还是要 B"的问题。

例如：张经理，××酊是给你送 50 盒还是 100 盒？

注意：在引导客户成交时，不要提出两个以上的选择，因为选择太多反而令客户无所适从。

（3）总结利益成交法

把客户与自己达成交易带来的所有的实际利益都展示在客户面前，把客户关心的事项排序，然后把产品的特点与客户的关心点密切结合起来，总结客户最关心的利益，促使客户最终达成成交。

例如：张总，我先把 100 盒的赠品给你。另外，我给你交 500 元的押金，进了货我不来搞活动，钱你直接扣除。

注意：当你发现客户不信任你，担心你不会兑现承诺的时候用总结利益成交法。

（4）优惠成交法

优惠成交法又称让步成交法，是指销售人员通过提供优惠的条件促使客户立即购买的一种方法。在使用这些优惠政策时，销售人员要注意以下三点：

让客户感觉他是特别的，你的优惠只针对他一个人，让客户感觉到自己很尊贵、很不一般。

● 千万不要随便给予优惠，否则客户会提出更进一步的要求，直到你不能接受的底线。

● 表现出自己的权力有限，需要向上面请示："对不起，在我这个级别内只能给你这个价格。"然后再话锋一转，"不过，因为你是我的老客户，我可以向经理请示一下，给你些额外的优惠。但我们这种优惠很难得到，我只能尽力而为。"这样客户的期望值不会太高，即使得不到优惠，他也会感到你已经尽力了，不会怪你。

例如：张总，我的权限有限，我跟领导申请一下可以送10袋板蓝根颗粒给你。

（5）惜失成交法

利用"怕买不到"的心理。越是得不到、买不到的东西越想得到。一旦客户意识到购买这种产品是很难得的，他们会立即采取行动。

惜失成交法是抓住客户"得之以喜，失之以苦"的心理，通过给客户施加一定的压力来敦促对方及时做出购买决定。一般可以从这几方面去做：

- 限数量，主要是类似于"购买数量有限，欲购从速"。
- 限时间，主要是在指定时间内享有优惠。
- 限服务，主要是在指定的数量内会享有更好的服务。
- 限价格，主要是针对要涨价的商品。

总之，要仔细考虑消费对象、消费心理，再设置最有效的惜失成交法。当然，这种方法不能随便滥用，否则会失去客户。

（6）预先框视法

在客户提出要求之前，销售人员就为客户确定好结果，同时对客户进行认同和赞赏，使客户按自己的说法去做。

例如：张总，你看公司一出促销方案我就第一时间告知你，你一直支持我的销售工作，有这么大的优惠力度，让你多赚钱，我自然第一个想到你。

（7）步步逼问成交法

很多客户在购买之前往往会拖延。他们会说："我再考虑考虑。""我再想想。""我们商量商量。""过几天再说吧。"

优秀的销售人员遇到客户推托时，会先赞同他们："引进新品就应该像你这么慎重，要先考虑清楚。你对这个产品还是很有兴趣的吧，不然你不会花时间考虑，对吗？"他们只好认可你的观点。

此时，你再逼问一句："我只是出于好奇，想了解一下你要考虑的是什么，是担心产品不好卖吗？"

对方会说："不是担心这个。"

你问他："那是我的人品不行？"

他说："不，怎么会呢？"

你用层层逼问的技巧，不断发问，最后让对方说出他担心的问题。你只要能解决客户的疑问，成交就是很自然的事。

（8）小点成交法

先购进一点试卖。客户想要购进你的产品，可是又下不了决心时，可以建议客户少购进一些试卖。只要你对产品和动销方案有信心，虽然刚开始成交数量很少，然而在合作让客户满意之后，就可能给你大订单了。先合作很重要，没有合作永远是你的潜在合作，合作了不管单大单小都是已合作客户。

例如：张总，你先铺货50盒，我这个周末过来搞活动，卖完了你再付款，再购进新货怎么样？你没有信心，我卖出信心给你看。

（9）批准成交法

在销售对话的尾声，你要问客户是否还有尚未明白的问题或顾虑。假如客户表示没有其他问题，你就把订单拿出来，翻到签名的那一页，在客户签名的地方做一个记号，然后把订单推过去对他说："那么，请你在这里批准，我们就可以马上开始送货、送礼品搞活动啦。"

"批准"一词胜过"签名"。这时你把整个销售订单推到客户面前，把你的笔放在合约上做好记号的旁边，微笑，并且挺直腰板坐在那里，等待客户的反应。

提出成交的方法很多，我们要根据和客户的熟悉程度、客户的性格特点，以及谈判现场的氛围状况灵活运用。不要害怕提出成交后客户拒绝，或者"逼死"了客户。真正想成交的客户是不会被我们"逼死"的。

如果业务谈成，在首次合作的过程中，以下内容要特别关注：

第一，确定购进产品、价格、数量。

我在这里要额外补充的是，首次铺货的数量，大家千万不要求简单，或者随便说出自己心里的数量。针对连锁，很多业务员求简单，我们产品一件180盒，先给你发3件吧。客户有时候还不一定能接受。

我们可以这么说："张经理，你看，A类门店10家，首次铺货做好陈列至少要10盒，B类门店15家，一家得铺上8盒，C类门店20家，一家得铺上5盒，合计320盒，我们一件180盒，库存得有货，我们第一次发3件货。"

这样就有依据。如果不是做现款，我建议一次不要铺太多货，因为卖不动也拿不回来钱，最后还近效期了。要注意的是，如果你的产品是从商业公司调拨，还花了进场费，这时候测算一下，尽量让他第一次调货就赚回进场费，所以你提出的数量要合理。

对于单体药店和诊所的数量，现款情况或者直接从商业调拨，你千万不要提出的要求太少，因为太少，客户会觉得你的产品并不如你说的那么畅销。人都有打折的心理，你想让他进10盒，可能他就进了5盒，但你提出了30盒的需求，他进5盒就不好意思了，最少进10盒，也满足了你的预期。

不管是单店还是连锁药店或是诊所，首次铺货的数量都不要太少，最好都要超过10盒。常规化的铺货就是铺1~2盒是无法引起店员的注意力的。一开始大家都无法重视产品，后续动销肯定出问题。

第二，购进渠道。

是你直供还是从哪个商业公司调拨，要说清楚。如果是直供，别忘了收首营资料，注意证照过期了没有，资料是否齐全，是否盖章，免得收回来开不了货，跑二次路。

第三，结款方式。

现款、月结、批结、压批现款、实销实结，不管是哪种结款方式，都要明确跟客户提出来，并且确认。很多业务员一谈到结款方式的时候就避而不谈，害怕因此丢了业务。结果第二天送货、要钱，客户说昨天没有说，我以为是批结。结果就尴尬了，客户还觉得你不专业。

为了避免以后尴尬，还不如说清楚，卖货收钱本来就是天经地义的事情。

第四，结款流程。

对账、交税票、拿钱，一定要问清楚结款流程，别因为流程不对，最后拿不到钱。这样的案例也非常多，对账日期你不来，让你送税票你不送，最后货款迟迟拿不到。

第五，支付形式及要求。

现金支票、对公转账、承兑汇票，这几种支付形式的差别自行学习。

第六，销售细节。

什么时间送货、什么时间铺货、铺货依据及数量，这些很重要，关系到下一步维护工作的开展，你要问清楚采购人员，并且做好记录。

如果业务没有谈成，不要死缠烂打，我们为下一次拜访做好铺垫，可以说以下话术：

A. 刘总，第一次谈业务不能合作很正常，希望你关注一下我们的品种，我明天再来！

B. 张总，你提出的疑问，我会向公司和领导及时反映，周三上午你在办公室吗？我再过来！

C. 张总，你说要看样品，我明天就送过来！

对于单体药店和诊所，我们还可以来点特别的：

"张总，一次业务谈不成很正常，这个月我一定想办法让我们合作。我就是想和你合作。"

敢下这种决心的业务员不多，如果你第二天如期而至，会让客户佩服你，第二次没有谈成没关系，你再来一句："张总，两次业务谈不成很正常，这个月我们一定要想办法合作，明天我再来！"**反复下去，不出 3 次，客户就会开始和你合作。**

7. 告别

告别和开始一样重要。给客户承诺我们需要再重复一次，留客户的联系电话，并且出门立马加微信和发短信。

短信内容：**张经理你好，我是刚才和你谈业务的××药业鄢圣安，麻烦你保存下我的手机号。**这样既体现出了我们的专业，也让客户想联系我们时能找到联系方式。

8. 记录和复盘

记录我们虽然放在这里讲，其实在业务谈判中，就要把一些药店内容记录下来，包括你承诺的一些内容、客户的疑虑等。客户的采购经理和你谈业务时都带着笔记本电脑，都在做记录，因此我们也要带笔记本电脑做记录，代表对这件事情的重视。只有我们对这件事情重视，客户才会重视起来。

出了门就要马上记录客户信息，比如姓名、你们谈论到的话题、客户提出的疑虑、你发现客户的办公桌上有什么有价值的信息、喝什么饮料、抽什么牌子的烟、喝什么茶、客户今天的心情怎么样、客户穿着打扮有什么特点、客户透露他有什么爱好，等等，别下次来了连客户长什么样子都记不住了，这些信息会对二次跟踪提供帮助。

复盘，就是回味整个谈判的过程，成交了是为什么成交，有什么好的经验下次可以再用，没成功是什么原因导致的，下次该如何规避。用史玉柱的话说就是："复盘，让成功加速度！知道哪些点可以重复用，哪些不可以再用，哪些点改进后效果可以更好！"所以，没有拿到订单不是一件丢脸的事，不清楚为什么没有拿到订单才是最丢脸的事。

业务员之间的差距不来自年龄，也不来自经验，而是来自对经验总结、反思和升华的能力。

延伸：销售谈判经典六问

当你的准备工作做到位的时候，请尝试回答以下六个问题，这六个问题能回答上来，你的谈判已经胜券在握：

① 我是谁？

②我来给你介绍什么?
③我介绍的东西对你有什么好处?
④如何证明你说的是真的?
⑤为什么你要和我合作?
⑥为什么你现在要跟我合作?

第五章

终端客户开发方法（下）

第一节　二次跟踪，提高成交率

一次把业务谈好是运气好，2~3次把业务谈成都是有技巧的。二次跟踪很有必要，销售不跟踪，最终一场空。

美国专业营销人员协会和国家销售执行协会的统计报告指出：2%的销售是在第一次接洽后完成，3%的销售是在第一次跟踪后完成，5%的销售是在第二次跟踪后完成，10%的销售是在第三次跟踪后完成，80%的销售是在4~11次跟踪后完成。

对于单体药店或者诊所，也许你的反复拜访会打动老板或者大夫来采购你的产品，但是对于连锁药店，也许高频率的拜访并不能赢得订单。

首先，我们要做到的是保持拜访的频率，间隔时间不要太久，客户把你忘记了，又从零开始。我建议3天内最好再去一次。

二次跟进不是见面后的一句简单问候，而是为了形成销售。

二次跟进是指我们在经过第一次拜访后，掌握了客户的一些有效信息（客户的状况、客户的意向、客户拒绝的原因等），带着明确的目的（提升客户的意愿度来促进成交）而进行的再次拜访。

想要提高二次跟踪的成交率，我们可以做以下四个方面的改变：

1. 改变话术

不要每次去客户那里拜访都是这么一句话:"张经理你好,我是××药业的鄢圣安,我有个独家产品××酊想跟你合作一下。"总是自我介绍,陷入拒绝的陷阱中。第二次跟踪,我们可以从以下几个方面改变我们的话术。

(1) 第三方介绍

张经理,你好,我是××的马总介绍过来的,听他讲你的连锁质量非常高,刚好我们的产品在治疗风湿骨病方面比较有特色,所以过来和你谈一下。

(2) 做足功课

张经理,针对你上次提出的问题,我专门去你的连锁门店看了一下,我觉得从下面几个方面来讲,我们有合作的必要。

(3) 提及他的竞争对手

张经理,我们的产品在××连锁店经过我们6个月的努力,目前一个月纯销1593盒,可以直接给这个连锁带来17253元的利润。我们的零售价格严格管控,所以我还是想和你详细谈一下我们的产品和服务(注意数据一定要具体)。

给大家举三个例子,目的就是告诉大家,不用总是用一句简单的自我介绍去和客户谈判。

2. 改变行为

不要每一次都是空着手。第一次、第二次不熟悉,不带东西可以,第三次去的时候带点东西。中国人讲究礼尚往来,或者说很多人习惯了这样的方式。我们不需要送一些大的礼品,大的礼品还容易引起客户的警惕。

我说的是小礼品,重要的是走心,业务第一次谈不成很正常,麻烦你关注一下他的办公桌,他喝什么样的水,你就带什么样的水,他抽什烟,你就带包什么烟,他吃什么零食,你就带点什么零食,诊所大夫喝什么茶,你就带一小盒茶,等等。

曾经有个销售标杆分享自己的经验"三不原则":不空手、不空礼、不空车。

3. 改变时间

不要每一次都是一个时间段去客户那里。比如你连续两次早上去某个单店都没有碰到老板,如果你也没有办法弄到老板的信息,你能不能尝试下午去。比如你连续两次都是某个时间段去某个诊所,大夫都是非常忙,那么你能不能下次改个时间段去。

连锁药店也一样,你不注意错开采购开会、采购报计划等时间段,去了也是匆匆打发你,也是浪费时间。

当然,时间段的改变也是有技巧的,除了自己的观察,能不能通过同行、店员和护士来摸准采购负责人的时间。

4. 改变心态

有时候业务难以达成,是因为供零双方互为敌人。终端想从供应商身上获得更大利益,他们希望更低的价格和更好的政策,但是价格没有最低,政策只有更好。而供货商又想从终端的身上挣更多钱,希望供货价高一点、促销费用少一点。有时候,业务员一进终端,表现出来的状态给客户的感觉就是:这个小伙子又想挣我多少钱。这样一来,供零双方就形成对立,业务谈起来难度就增加了。

谈判中,我们一定要让终端明白,我们应该共同去市场上挣钱,去挣终端竞争对手的钱。供货商是用产品和服务协助你的药房一起达到这个目标。大家统一了"敌人",才能够统一思想、统一行动。

要做好二次跟踪,以最少的拜访次数来搞定客户,总结起来还是要做好以下工作:

第一,跟踪前,再次翻开上次谈判的要点,分析拒绝的原因,找好应对的策略,要客观和理智分析。

第二,注意拜访的次数和频率。我建议新客户开发,最好不要超过三天,因为第四天才去,人家对你没有印象了,一切谈判几乎都是从零开始。那么究竟跟踪多少次就放弃了?我建议大家给自己定一个次数,当你想了所有的办法,去了8次了,客户还是不做,你就暂时放一放。

尤其是在销售开发期,千万不要"拔钉子"而耽搁时间,也许你在这里死磕而别的客户却在等你开发。天下诊所千千万,天下药房千千万,不要一开始就因为一棵树而忽略了一片森林。

第三,翻开新的篇章,尝试从以上两个方面进行改变,尝试新的撒手锏。

第四,每一次跟踪,你的话术、行为最好能够让客户记住你、信任你。而以上的四个改变都是让你变得与众不同,只有与众不同才能脱颖而出。

第五,如果你拿到了客户的微信,可以到客户的朋友圈挖掘更多的内容,为我们的二次开发提供信息。比如有人发现采购在做微商,他就买了采购的东西,二次开发就有了话题,也可以顺利开发客户。

第二节　老客户新品开发的十个思路

前面讲的是关于陌生拜访或者常规化的拜访在客户开发方面的技巧,那么对于熟悉的客户,我们应该如何开展新品进场的工作?

首先,大家要有老客户深度挖掘的概念。什么意思?就是当下我们开发一个客户,或者维护一个客户的意义,远远不仅在于说提高或者维持这个客户的现有销量,而是要通过这个客户开发更多的客户,或者卖给这个客户更多的产品。这不由得让我想起,我刚跑业务时听到的一句话,并且一直熟记和努力,就是:做生意的不二法则是把一个产品卖给更多的客户或者卖给这个客户更多的产品。大家思考一下,我们的OTC销售是不是跟这个有异曲同工之处?

李嘉诚先生也有类似的一句话："一个聪明的商家除了要推进新业务的倍增，还要考虑如何实现'已有资源的最大化开发'，这是形成卓越的利润价值的关键！"

因此，我们要做好老客户的维护和新品的导入。

1. 借客情：有关系，有客情

如果是真的客情关系好，新品进场就没有问题。如果有问题，就是客情关系不好。

在这里提醒大家，你要做什么产品，尽量不要问客户这个产品是否值得做，如果你去问，多数情况下客户建议你不要做，因为他们觉得可以做，你一旦进货，第一个就会开发他们。我们咨询的时候可以换一种方式，就说这个产品已经准备代理了，你觉得这个产品在药店推广或者在诊所推广要注意哪些细节？我们要和客户讨论的是怎么把产品卖好，而不是谈论产品是否值得代理。

2. 借政策：十赠一，拿货送礼，第二件半价，第一个月免费赠送

这种政策大家在老客户进新品中运用比较多。比如新品进10盒送2盒的优惠促销，比如新品进100盒送药或者送礼品的活动，比如第一件按照进货价进，第二件按照进货价的半价进，一次卖客户两件。

新品进店，第一个月卖多少（纯销）不要钱，而且卖多少再赠送多少盒，当然要有数量限制，要不然太吃亏，客户如果卖的太多，可能一年都不用进货。比如限制赠送2000盒，如果超过了就按2000盒作为最高数量，低于2000盒就按实际赠送。

其实，诊所、单店也可以这么干，在活动期间客户为了获得最大的利润，会重点推广这个产品，店员或者医生就会对产品熟知，为以后的销售服务。

3. 借产品：搭赠

（1）进畅销品送新品

比如 A 产品跟客户合作的本来就很好，可以搞活动，进 A 产品 100 盒送新品 20 盒。

（2）进新品送畅销品

我在医药公司当销售经理的时候用过，比如进新品 100 盒送 20 袋广州白云山的板蓝根颗粒、10 盒倍他乐克等。

注意：赠品选择一定是畅销产品，品牌产品或者常规销售的普药，因为这些产品客户销售起来比较容易，而且是药店的必备货。这一招在平日做订单活动的时候也可以用，比如进货满 5000 元，送三九感冒灵 10 盒、倍他乐克 10 盒等也有很好的效果。

4. 借同行：资源、力量

和同行一起跑业务，让同行帮着你说服客户。但你选择的同行尽量不要和你有产品冲突，要不然客户都可能被他替换，这一点我之前吃过亏。

有些客户真的是水泼不进、风吹不进的，就可以包给同行去做，给点佣金或者底价少加点，让同行帮忙去做。

5. 借会议：新品推荐会、圆桌会、订货会

（1）新品推荐会

为了开发新品，专门把老客户邀请过来做一个新品推荐会，是一个比较高效省时的方法。但是有几点是需要注意的，比如邀请客户之前，可以给几个客户试销，邀请他们成为我们的意见领袖，让会场的成交率更高。

（2）圆桌会

利用老产品开圆桌会，推荐新产品，新产品可以做较大幅度的优惠来

铺货，也可以作为老产品的优惠搭赠，提高铺货率。

（3）订货会

很多优秀的销售人员一年会组织 1~2 场大型订货会，我们也可以把新品设计到娱乐活动中来，比如订货会现场，凡是订货满 5000 元，除现有的所有优惠享受外，额外给一次幸运大转盘的机会，一等奖是新品 50 盒，二等奖是新品 30 盒，三等奖是新品 10 盒，也可以购进新品 100 盒。除了现有的活动政策，还有一次转盘的机会。

6. 借活动：铺货促销

有些老客户客情没有我们想象得那么好，我们可以先铺货搞活动卖，让客户信任。比如，**张经理，你先进 50 盒，这个周末我来搞两天活动，卖完了你再给我结款，卖不完的话什么时候卖完什么时候结款。如果不想卖了，结清卖的钱，其他的货退掉**。采用这种方式，你一定是对你的促销活动非常自信。

7. 借客户：用客户影响客户

一些销售研究机构的数据显示，通过老客户介绍新客户，老客户每介绍 5 个新客户有 1 个会成交。而随机拜访新客户的成交率只有 1/30 左右。因此，销售人员在新客户开发中应率先使用这个技巧。

在前面的内容中我也讲到，不要怕**让客户介绍客户**，一怕毁所有，什么事一怕就没有希望了。我们要主动要求客户来给我们介绍新客户，即使这次他没有答应，说的次数多了，就有答应转介绍的。

让老客户推荐老客户进货。比如我们的 A 客户引进了这个新品卖得不错，B 客户也是我们的老客户，但是 B 客户不自信，不敢引进新品。这时候，我们让 B 客户问 A 客户的销售情况，或者让 A 客户告知 B 客户，但是使用这个方法的前提是，你和 A 客户关系好，你的产品在 A 客户那里真的好卖。

8. 借工具

（1）微信群

在客户群里做产品宣传和秒杀活动。

（2）海报张贴

新品推广的氛围营造很重要，所以新品的陈列和海报的张贴工作要跟上。这利用的就是客户的心理：我卖的产品希望别家不要卖，但是别家卖的产品我一定要卖。

（3）重点门店包装

对于一些大企业来说，门店包装肯定是有影响的，客户的心理状态如上。

9. 借形势：绿色疗法的形势

比如你的新品是有学术带动的，对于诊所客户，我们就跟老客户讲现在绿色疗法的趋势，可从国家对打点滴的逐步限制等导入。

比如你的新品是和互联网关联的，对于连锁客户我们就可以说，你购进这个产品，我们邀请医生在网上做科普，可以引流到你的连锁门店来，毕竟线上、线下的客流都是客户最关心的话题。

10. 创造学习机会

对于证书和学分，对于医生来说，还都是比较感兴趣的。比如要求卫生服务站的医生要有学分等。记得当年我跑社区卫生服务站的时候，客户都不理我，说我们公司可以提供有学分的学习，大家就感兴趣了。

值得注意的是，我们的老客户是有我们最初合作产品的烙印。有时候添加新品并不简单。比如你以前是做大普药的，你合作的这些客户都喜欢卖普药，现在你代理了高附加值的黄金单品，去跑以前的这些老客户，他们不一定会操作。所以，一类产品对应着一类客户，要去开发以前不愿意卖我们普药的客户，没准儿他喜欢卖黄金单品。

第三节　铺货原则：保质保量

很多终端人员要么就是铺货率不高，要么就无效终端铺的太多，有铺货率却没有销量，最后搞了一大堆应收账款和效期产品，把企业的形象做坏了。

我们要有一个意识：产品的铺货并不是要追求全而多，即终端多、产品全。铺货率是终端开发的重要指标，但不是唯一指标，不能为了铺货率而铺一些无效终端导致产品滞销，铺货的有效性才是关键，铺货的最终目的也是动销。只有铺货而没有动销的终端就是无效终端，只会带来一系列的麻烦。

1. 遵守"二八原则"

在铺货中两个地方可以用到"二八原则"：一是在选择目标终端上；二是在铺货给终端产品的品规和数量上。

在选择目标终端上，一定要选择能够出量的终端，好钢用在刀刃上，你应该优先选择那些曾经合作得非常好的药店，对药店知根知底，知道产品进场后能卖，卖了之后能回款，而不是一味地追求铺货的药店数量，乱撒网反而没有钓鱼有效，很多做底价大包的人，可能就做30~40家优质药店就可以过得很舒服了。

第一次铺给客户的产品不要太多，因为很多药房是这种想法，反正不要钱，我就多要点货把柜台排满，至于卖不卖掉另说，结果你是高高兴兴地铺了一大堆货，最后愁眉苦脸地拉了回来。在给客户铺货的品种和数量的选择上，我们不要一味地听客户的，也不要一味地根据自己的经验判断，要和药店负责人商量，共同选择一些能卖的产品进行合作，在合作比较熟悉之后，咱们再根据实际情况铺货。

根据"二八原则",我们在铺货的选择上既要数量也要保证质量。

2. 不要底价铺货

千万不要为了提高铺货的效率而低价供货或者给较大的返利,产品进场只是最基础的一步,未来上量才是大工程。如果底价供货:

第一,药店老板并不会领你的情,因为他觉得没有人会做不挣钱的买卖,所以你的真心在他那里是不值钱的。

第二,动销中需要费用,你已经底价供货了,你就没有费用支持,这时药店老板和店员就不会喜欢你,老板还会说你不支持他的销售工作。

第三,你不挣钱,就不愿意拜访门店,产品就没有销量,所以你的铺货除了压资金外没有任何意义。千万不要相信底价供货的话。

3. 要有动销方案

任何品种铺货之前都要想好动销方案,不考虑这个问题,产品铺出去的那一刻就是问题产生的那一刻。产品铺货的目的是产生销量而不是做摆设,尤其是药品,药品作为特殊商品,从生产出来开始,每过一天就过一天有效期,如果你没有想好动销方案,怎么让店员帮你把货卖出去或者怎么协助药店动销。所以不要大规模铺货,因为你铺了却没有动销跟没铺是一样的。

比如你是打算体验式销售还是准备从药店老板做工作或者连锁总部做工作,还是加强拜访从店员层面做工作,又或者是从消费者层面做工作。总之,你要想好产品的动销上量之路,而不是让客户去想。

4. 及时维护

你不要开发了客户,铺完货就不管了,也不去药店、诊所。客户卖得不好也没有人提供方法,卖得好也找不到人补货,这样你就在客户那里失信了,货铺完之后并不是万事大吉了,你要想办法动销,比如陈列、店员培训、协助动销、维护客情等,千万不要不闻不问。

5. 及时退货

有时候卖得不好,客户硬拖着,反正不要钱,帮他占满柜台,但是你要知道,摆的是你的钱,过期了钱可就没有了。药店诊所没有损失可是你损失惨重。铺货三个月卖得不理想就和药店老板沟通,要不结款好好卖,要不就退货不再合作。对于那些不配合动销的药店、诊所直接退货,你把货铺到别的终端或者卖给现有的终端,不至于白白赔掉。

铺货这件事一定要慎重考虑,别以为不是你的货就可以乱铺,铺完货没有动销,没有回款,你也不会有提成,还给公司造成了大量的应收账款甚至呆死账和效期货!

比这更惨的是,终端药房或者诊所失去对产品的信心,留下不好卖的印象,造成产品不好卖的假象,让后续的销售工作更加艰难,也会让一些业务员对产品的销售失去信心。

另外,不要为了快速成交一个新客户主动提出铺货赊销。铺货赊销从根源上讲,客户销售的动力就自然减弱。太容易让客户得到的东西,他反而不会珍惜。

第四节　三种经典实用的成交法则

很多的成交法则或者经典的说服公式,都是成千上万的各行各业的销售前辈多年实战经验的总结和提炼,都是经过无数次成功和失败之后的总结。

做业务我们一定要用专业的说服技巧,而不能靠我们本能说和做,因为本能的东西受环境、心理状态的影响太大,你发挥出来的时候效果就不稳定,而专业的东西是长期训练的产物,是一种条件反射,能稳定地帮助你实现目的。

在本节内容中，将给大家介绍三种经典说服术：FABE 说服术、爱达（AIDA）法、3F 成交法。

1. FABE 说服术

FABE 模式是由美国奥克拉荷大学企业管理博士、中国台湾中兴大学商学院院长郭昆漠总结出来的。FABE 推销法是非常典型的利益推销法，而且是非常具体、可操作性很强的利益推销法。它通过四个关键环节，极为巧妙地处理好了客户关心的问题，从而顺利地实现产品的销售。

说简单点，FABE 推销法就是找出客户最感兴趣的产品或者服务的各种特征后，分析这一特征产生的特点，找出这一特点能给客户带来的利益，最后提出证据，证明该产品或者服务确实能够给客户带来这些利益。

(1) F 代表特征

F 代表特征（Features）：产品的特质、特性等最基本功能，以及它是如何用来满足我们的各种需要的。例如从产品名称、独家品种、道地药材、适应证、生产工艺、功能定位、特性等方面深刻挖掘这个产品的内在属性，找到差异点。特性，毫无疑问就是要自己品牌独有的，在推广黄金单品中要重点强调。

在医药终端推广中，尤其是普药推广中，这里的 F 还可以拓展到我们的服务优势，比如量大从优、配送及时、门槛低、账期长、可退换货、送礼品、送旅游等。

(2) A 代表优点

A 代表由这个特征产生的优点（Advantages）：（F）所列的商品特性或者服务的优势究竟发挥了什么功能？要向客户证明"购买的理由"：同类产品比较，列出比较优势，或者列出这个产品独特的地方，或者列出你的服务优势。可以直接、间接阐述，如更安全、更有效、更方便、更便宜、针对性更强等。

(3) B 代表利益

B 代表这一优点能带给客户的利益（Benefits）。利益推销已成为推销的主流理念，一切以客户利益为中心，通过强调客户得到的利益、好处激发客户的购买欲望。实际上，这是右脑销售法则特别强调的，用众多的形象词语来帮助客户虚拟体验这个产品。

这个地方我们就可以说：

和我们合作，你就不用担心卖不掉的产品最后白白扔掉。

和我们合作，我们就会来你的店里做免费体验的活动，给你带来客流量。

和我们合作，我们就给你做店员培训，教会你的店员怎么推荐产品。

(4) E 代表证据

E 代表证据（Evidence）：包括专利证书、典型案例、学术文章、照片、视频、示范等，通过现场演示、相关证明文件、品牌效应来印证刚才的一系列介绍。所有作为"证据"的材料都应该具有足够的客观性、权威性、可靠性和可见证性。

你看，这就是我们在××连锁药店做店员培训的视频。

你看，这就是我们××诊所的医生分享的用药心得。

你看，这就是××医院的张主任在××杂志上发表的关于我们产品的文章。

把 FABE 成交法这四个环节提炼出来的语言描述，其实就是因为……特质，从而有……功能……因此给你带来了……好处……你看看……都在操作我们的产品。

在实战运用中，不一定非要按照 FABE 的顺序来说服客户，也可以调换一下位置或者重新组合，我们要考虑谈判的实际情况。

比如客户问："你说的这么好，我们这个片区都有哪些店在和你合作？"可能直接就要拿出证据（E）。如果你还是机械化地按 FABE 的顺序，可能客户等不到 E 就已经开始反感了。但是你放心，即使说了 E，FAB 也会在接下来的谈判中出现，只是可能出现的顺序不一样。

2. "爱达"（AIDA）法

AIDA 法则也称"爱达"公式，是国际推销专家海英兹·姆·戈得曼

（Heinz M. Goldmann）总结的推销模式，是西方推销学中一个重要的公式，它的具体含义是指一个成功的销售人员必须学会通过某种方式引起客户的注意力，并把这种注意力成功地转移到其所推广的产品和服务上，使客户对产品和服务产生兴趣，从而激发客户的购买欲望，以达成交易。

AIDA 是 attention（注意力）、interest（兴趣）、desire（渴望）、action（行动）的首字母组合，也是广告及印刷物创作的重要传播准则，如图5-1所示。

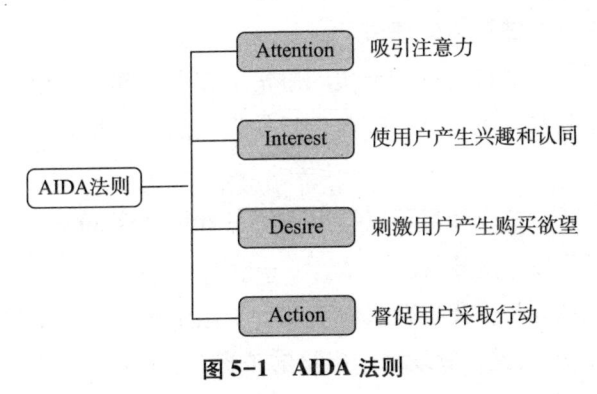

```
                    ┌── Attention  吸引注意力
                    │
                    ├── Interest   使用户产生兴趣和认同
    AIDA法则 ───────┤
                    ├── Desire     刺激用户产生购买欲望
                    │
                    └── Action     督促用户采取行动
```

图5-1 AIDA 法则

(1) Attention（注意力）：引起潜在客户的注意

谈到这个话题，我想大家都碰到过类似的场景，其实都是在吸引客户注意力方面出了问题：

我们在谈业务的时候，客户不专心，在做别的事情，爱理不理。

我们在谈业务的时候，客户借口比较忙，让我们放下资料，有时间看了后有意向再联系。

我们在陌生拜访中，刚介绍完是哪个厂家的客户就拒绝谈下去。

……

这些现象都是我们一开始出现的时候并没有引起客户的注意力。

我们无法吸引客户的注意力，客户自然就不给我们介绍产品的机会。为了让客户全面了解我们的产品或者项目，我们要努力让客户将所有的注意力集中到我们身上，包括我们的每一个动作和每一句话。只有当客户能全身心地关注我们时，我们才有可能把想传达的信息准确无误地传达给客户。

我们可以用以下小窍门来吸引客户的注意力：

①利用一些容易吸引客户注意力的因素

初次见面，因为彼此不了解，所以愿不愿意聊下去，凭的是客户对你的第一感觉，比如着装、谈吐、说话的态度和语气等。研究表明，动态的东西更容易引人注目。所以，我们在产品或者项目的设计上要花些心思。

作为销售人员，最重要的是自己的着装。

第一印象很难改变，所以我们要以最好的状态出现在初次见面的客户面前。

②给客户一个注意你的理由

客户不愿意在对自己没有利益的事情上花费时间。所以，我们的开场白中，直接用利益开头，是引起客户对你注意的一个重要方式，比如你可以讲：

张医生，我们这个项目可以提高你的患者复诊率30%以上，每月可以给你增加1万元以上的收入。

张经理，你再忙，我也建议你了解一下这个单品，一个月可以给你带来5000元左右的收益，够发两个店员的工资。

③讲话时看着客户的眼睛

很少有客户在沟通中会拒绝一个真诚的人，客户可以从我们的眼神中感受到我们的真诚，这也是人际交往过程中表达尊重和礼貌的重要方式。

④随身携带"证据"

实际的接触和感受往往要比语言描述更吸引客户的注意力。在销售的过程中，我们可以拿一些样品给客户自己看，甚至有些适合现场试用的东西最好。

比如风湿骨病的一些外用药，体验感强不强，一试用就知道了。比如儿科用药在乎口感的问题，一尝就知道了。说得再好，不如客户自己体验了觉得好。

⑤让客户参与销售

和客户有互动，不能你讲你的，他搞他的，注意力很难到你这里来，我们可以提一些开放性、容易回答的问题来和客户互动。

比如张总，你觉得我刚才的介绍哪一点你不太满意的。张医生，我们的品牌产品在包装盒的设计和硬度上跟小厂家比是不是不一样。

当然，我们也可以让客户动起来，比如张医生，我把你感兴趣的产品品规、供零价格、政策报给你，你在彩页上做个记录也好跟别的产品做对比我们的目的是吸引客户的注意力，这是背后的道，至于术（方法），那就千变万化了，大家可以根据自己的实际情况选择适合的方法和技巧。

（2）Interest（兴趣）：激发客户的兴趣

激发兴趣和引起注意是一个相辅相成的过程，只有客户注意力转移到你或者你的产品和服务上，客户才有可能产生兴趣，也只有客户对你讲的话题产生了兴趣，注意力才会越来越集中。

这时候，我们想办法获得客户的认同是激发客户兴趣的一个重要点。比如张大夫，如果我们单独地开成药，以后病情复发，我们的消费者很容易自己去药店买药而不来复诊，但是用我们这个项目，就解决了消费者复诊率的问题。

张经理，你刚提到你现在卖的某厂家的产品，网络价格非常乱，其实你卖起来很难，就算卖了，消费者发现网上比你店里便宜他会做何感想，而我们的价格维护是非常好的。

具体来说，哪些内容能激发客户的兴趣，我们要根据在谈判中，客户的需求是什么，他最在意的是什么，他对目前合作的产品或者客户的抱怨是什么。而我们只需要对他的这些需求做进一步的强化和佐证，强调我们的产品或者服务能够解决的问题，正好跟他的需求是相匹配的，以此激发客户的购买兴趣。

（3）Desire（渴望）：刺激客户的购买欲望

影响客户成交的重要因素是客户的感知，也就是说，当客户觉得自己所购买的产品或者服务所获得的总体利益高于其所付出的成本时，他的购买欲望是会提升的。

这时候，我们就可以运用假设成交法的技巧，向客户描述成交后的场景。比如张医生，你只需要花 2999 元，就能够收益 13000 元。如果你今天成交了，我们就定下来我们的义诊医生什么时候来你的诊所带教。

卖房子的把样板间装饰得很漂亮，你看着样板间，越看越喜欢，越看越像你的家，似乎还幻想在这中间生活的场景，因此很容易让你决定购买。

（4）Action（行动）：促使客户的购买行动

适当的逼单，才能让犹豫不决的客户尽早完成购买。客户不成交，或者最终不成交，我们前面做的那些努力都是徒劳。

以上就是 AIDI 法则四个阶段的具体运用。这几个阶段都是彼此联系的，缺一不可。整个过程看似简单，实则每个销售阶段都需要我们的销售人员充分发挥自己的智慧和能力，在刻意练习的基础之上熟能生巧，自然而然地运用，做到步步为营，从而达成成交。

3. 3F 成交法

在销售的过程中，很多客户会以很多的理由拒绝当场做出成交的购买决策。有时候是客户对我们的产品或者服务认知并不全面，或者对销售人员缺乏信任，导致客户最后不成交。

类似"谈了客户都觉得挺好的，就是要考虑考虑一下"，这种场景数不胜数，每次到了逼单的环节，客户就会以各种理由提出疑问。客户产生疑虑是正常现象，不要抱怨或者不悦，或者说出过激的言语，你的一个小小举动或者一句无心的话，都可能导致客户完全否定你，导致你之前的努力付诸东流。

"3F 成交法"，3F 即 feel（感受）、felt（觉得）及 found（发掘）。

Feel（感受）：倾听或同理心。

Felt（觉得）：态度或认知。

Found（发觉）：意图或事实。

（1）Feel

Feel（感受）的意思是，我们要先了解客户此时此刻的感受，利用同理心和共情来拉近与客户的距离，消除客户的抗拒心理。

那么在具体的业务中，我们可以这么表达：

"王总，我非常理解你，如果换成我做这个采购经理，我也会考虑这些。"

"张医生，你的担心我很理解。"

"张老板，你的顾虑我很理解。"

"李店长，发生这样的事情，我很明白你现在的感受。"

（2）Felt：态度或认知

Felt 的意思是"觉得""认为"。说白了，就是在这个地方给客户列举一些成功的案例，表明其他客户之前与这个客户一样，有相同的认知和感受，表明我们和客户之前有相同的感觉和看法，以此拉近与客户之间的距离。

那么，在具体业务中，我们可以这么表达：

"王总，我们之前合作的客户看到这个价格后，也觉得我们的价格有点高。"

"张医生，××诊所的周医生最开始和我们合作的时候，也觉得我们的价格比较高。"

"张老板，很多客户和我们刚开始谈的时候，也担心我们的价格维护不好。"

（3）Found：意图或事实

Found的意思是"发现""发觉"，也就是告诉我们的客户，其他客户在思考和比较了一番之后，或者试用了我们的产品，或者尝试和我们合作之后，最后还是选择了和我们长期合作，并且合作一段时间后，给了我们很高的评价。

那么在我们具体的业务中，我们可以这么表达：

"不过，很多客户和我们合作后，并不觉得我们的价格贵了，因为我们的动销服务比其他企业要好很多，很多产品虽然供货价比我们低，但是没有人做服务，一个月也卖不出几盒，药店也没有什么收益。我们虽然价格贵点，但是我们的动销活动服务、产品销售能动起来，反而药店的收益更高。刚刚国大药房的李总还给我补货计划，让我这两天赶紧过去谈明年的战略合作。"

我们把这个3F连在一起表达一下，大家感受一些说话的力度和效果：

王总，我非常理解你。如果换成我做这个采购经理，我也会考虑这些。我们之前合作的客户，看到这个价格后，也觉得我们的价格有点高。不过，很多客户和我们合作后，并不觉得我们的价格贵了，因为我们的动销服务比其他企业要好很多，很多产品虽然供货价比我们低，但是没有人做服务，一个月也卖不出几盒，药店也没有什么收益。我们虽然价格高，但是我们动销活动服务、产品销售能动起来，反而药店的收益更高。刚刚国大药房的李总还给我补货计划，让我这两天赶紧过去谈明年的战略合作。

3F成交法就是对比客户和其他客户的感受，应用同理心原理，站在客户的角度思考问题，然后因势利导地取得客户的信任，促进成交。从本质上说，3F成交法就是利用了从众心理，打消客户的疑虑，让其下单。

余世维老师说过一句话："客户永远只相信客户。"

案例：××药店开发实录

客户来源：商业自然流向客户。

第一次：

代表："老师你好，我是××药业的鄢圣安，看到你这个药店有自然进货我们的麝香××剂，想问一下老板在吗？"

店员："不在。"

代表："一般老板什么时间在？"

店员："我们也不清楚。"

代表："请问一下，咱们老板手机号码方便给吗？"

店员："老板姓姜，电话我们也不知道。"

代表："老板一般什么时间在店里？咱们老板一共有几家店？"

店员："这个时间不定。老板就这一家店。"

代表："好的，谢谢你。"

代表："我能看一下我们的麝香××剂陈列在哪里吗？"

店员："好。"

我转了一圈，发现有××药业的产品，我认识他们的业务员，药店里有个电视机，轮流播放阿胶宣传片，药店里有三个店员，说明生意比较好，店员接待热情，推荐力强，产品价格平价。

代表："老师，不打扰你了，改天我再过来。"

出门，打电话给好友了解药店情况，百度药店名称，碰巧找到老板电话。通过电话联系，以确定拜访时间。

姜总："喂？"

代表："你好，是××的姜老板吗？我是××药业的鄢圣安。"

姜总："是的，有什么事？是赵店长让你联系我的吗？"

代表："姜总你好，不是赵店长让我联系的。是这样的，我在智勇的流向上看到了你的药店在进我们的麝香××剂，我过来联系一下你，看能不能跟你有更大的合作。想问一下你，你什么时间在店里，明天来店里吗？"

姜总:"你那里什么价格政策,多少钱可以进?"

代表:"姜总,我们的品种很多,优惠活动也很大,想约你明天在店里详谈。"

姜总:"你明天中午过来吧。"

代表:"我十点半过来行吗?"

姜总:"可以,没有问题。"

代表:"好的,咱们明天见,再见!"

第二次:

早上十点半,准时到药店。

代表:"老师你好,请问姜总在店里吗?我昨天跟他预约的。"

店员:"在里面办公室。"

走进去,有两三个人在聊天。

代表:"你好,请问一下哪位是姜总,我是昨天打电话预约的××药业的鄢圣安。"

姜总:"你好,我就是。有什么事?"

代表:"是这样的,你这边一直在自然卖我们的麝香××剂,我想进一步跟你合作。"

姜总:"好,你稍微在外面等一下,我把这个事情处理完了跟你谈。"

代表:"好的。"

……

姜总:"张师傅,他们那个南洋的麝香××剂卖的怎么样?"

店员:"一般,有人点,一个月能卖几个。"

姜总:"小鄢,咱们来谈谈。"

代表:"好的。"

代表:"姜经理,你这个药店我一定要合作上,有两点吸引了我,是我跑了十年业务,见识过一千家药店,也是见到的为数不多的有特点的药店。"

姜总:"怎么说?"

代表:"第一,你装个电视机播放广告,不仅是在给消费者看其实也在给我们的店员看,以加深他们对产品的印象。第二,你的店员销售非常专业,包括服务意识和销售技巧。第三,我昨天看了你的朋友圈,有很多关于药店经营的内容，说明你爱学习，基于这一点我觉得我们能合作愉快。"

姜总："是吧，你看得挺细的。"

姜总到处翻东西，貌似找烟，我就掏出了烟，并且给他点烟。

姜总："坐，咱们坐下谈。"

开始泡工夫茶。

代表："说实话，你百度我的名字就知道，我不仅卖药，还出书、讲课；我一般不做单体店的业务，都是业务员跑，现在是业务员年前跑不过来，我才出来跑跑，看见你的药店经营得非常好，我想跟你学习。"

姜总："是吧，行业大咖。"

代表："你别笑话我了。"

姜总没笑，是觉得不可思议。

代表："你也是爱喝茶的人啊，这个我也喜欢，喝铁观音和大红袍多一些。"

姜总："是吧，我压力大，抽烟多，茶里面的矿物质多，多喝能减少烟对人身体的伤害。"

代表："是的，这样对身体好一些。"

姜总："你刚才听到产品卖得并不好。"

代表："很正常，自然流，没人管，要是卖得好我就不用来了。现在我来了，就是为了卖好，你挣钱了，我才挣钱。今天的合作不仅是这一个产品，而是一系列的产品，将近40个。"

递上彩页，重点介绍一下核心增量品种。

姜总："做是可以做，但我要求铺货批结。"

代表："我们做单体店，都是现款为主的，所以批结我不好接受。"

姜总："我们所有的直供企业都是批结，但绝不拖款，你可以问问身边做业务的人。我也是干过业务员的，我都懂。"

代表："批结可以做，但必须答应我三个条件：第一，给最优的陈列位置；第二，我的药给营业员一元提成；第三，允许我的促销员驻点促销；第四，开展一场店员培训；第五，三个月做不好，和平分手货款两清。"

姜总："其实，在我这里做成首推，你的销售完全是不用愁的。但是你的价格偏高，做不了。"

代表："姜经理，你说的价格问题，是所有客户都会提到的问题，就是一元钱给你，也贵。"

代表："我是地总，你要什么样的价格？怎么保证我的销售？"

姜总："你刚才说得非常好，陈列和店员的管理，我做得非常好，你看我的工资表，晒红包都是有动力的，我们的店员资格都很老，不是以前是店长就是以前干过药店的。你说的电视，我做了一个阿胶的活动，卖了人家药店一年的量。"

代表："是的，我在北京干了四年的业务，也不见阿胶卖得这么好。"

姜总："你也在北京待过？"

代表："待过，我哥在那边做药二十年了，我大学没毕业就过去跟他一起。"

姜总："我就没你那么幸运。"

姜总讲述了他大学实习期间只身一人去北京卖房子，最后做成团队冠军，管理团队，等等。我也讲了大学的兼职创业史等。

姜总："喝茶，趁热喝，有时候我谈业务唇干舌燥的，想喝点茶都没有。"

代表："是的，做过业务的人就是会体谅我们啊！"

姜总："和你聊得很开心，咱们有很多相似之处。"

代表："是的。姜总，回到我们的合作，你要什么样的价格？"

姜总："35折。"

代表："可以，交你这个朋友。但是不再有任何的返利政策了，年底也没有。你选择何种结款方式？"

姜总："知道，我也没有压你太狠。按照之前的批结，每个月28日对账，下个月2日拿钱。"

代表："你压太狠也没有，做生意，赔本的买卖大家都不会做的。（笑）但是，销售怎么保证？"

姜总："你只需做这几件事。第一，产品来了你要陈列好，陈列的要求就两点——饱满、美观；第二，把你们企业的宣传片和产品广告用优盘复制过来；第三，货到了通知我，我在群里通知他们首推，并晒红包。"

代表："好的，你看要哪些品种？把企业首营资料给我一份。"

姜总:"资料你用复印机复印一下,我出去和店员商量一下,要补哪些产品。"

代表:"好的。"

姜总:"就这些产品。"

代表:"我大概下周三给你送过来,这几天要去药店搞送鸡蛋的活动,我要去盯一下。"

姜总:"没有问题,来之前给我个电话,我跟店员说一下。这是其他几个分店的店长姓名和电话,你记一下,让他们把资料给你,结合自己药店的情况报产品计划。"

代表:"好的,谢谢。"

姜总:"送鸡蛋活动怎么搞的?"

代表:"是这样的……"

知道他的朋友催了3个电话,我主动提出告辞。

代表:"姜总,看你朋友催几次了,今天就先这么着,咱们改天再聊。"

姜总:"好的。"

第六章

终端有拜访才有销量

医药销售的特殊性，决定了我们成功开发客户，只是服务的开始，而不是结束。我们需要靠客户的上量和持续翻单来获得利润。我们维护当下客户的意义也不是简单地提高或者维持当下客户的销量，而是要通过这个客户深度挖掘，以获得更大的利益。终端维护是OTC产品上量的前提和基础，终端客户的维护在OTC的销售中起着关键作用。

所有拜访的实质是在建立客户的信任中不断推动销售向前进并最终达成销售的结果。

第一节　终端拜访存在的七个问题

在走访终端的过程中，发现碰到厂家代表的机会很少，跟药店、诊所负责人一聊，有的店一天有两三个销售人员过来，有的一天一个不过来的都是常事。联想到我拜访门店的经历，想在这里和大家谈谈终端拜访销售人员容易出现的几个问题：

1. 无事不登三宝殿

这一类销售人员很多，一般一个月去店里两次，一次是问老板需不需要进货，或者就是过去给药店老板压货，还有一次就是过去收钱。

这就是终端客户经常会跟我谈起的："你们业务员都太自私了，每次就只知道做让我们痛苦的两件事,从来不关心我们药店或者诊所的生意,也不关心我们卖不卖得出去。"

2. 临时抱佛脚

平时不注意药店的拜访和维护,甚至有的业务员压一次货,三个月不去客户那里都可能,然后等三个月之后再过去压货。

做销售工夫花在平时,就算你压了货,也要勤于拜访,关注产品的动销问题。如果压了三个月的货,老板两个月给你卖完了,就可以再压货,老板也有信心卖。你平日不去,一去就收款,收不到款有时候还抱怨客户,应该怪自己不经常拜访和客户见面才对。

3. 用微信、电话代替拜访

现代化的沟通工具确实为我们的销售带来了帮助,但是它不能帮我们代替拜访或者成交。只有面对面的交流才能建立感情。有的业务员是打电话问老板缺不缺货,缺货就去,不缺货就不去。即使压货也是靠电话沟通,你见过有几个大生意是靠打电话成交的,不都是面对面签单的吗?

电话在紧急的时候可以用,但是不要经常用,别以为你发点奖励别人就给你卖货,你能发竞品也能发,你的销量能有保障吗?能持续吗?时刻记住:我们是跑业务的。

4. 没有计划,想到哪里去哪里

公司有考勤制度,赶紧先跑到最近的一个店里完成考勤,然后从城西坐公交车到城东,睡了一觉,拜访了一个客户还心安理得,觉得自己没有在家里睡觉。

如果你每周日晚上花十分钟的时间,规划下周一到周五的工作安排,哪一天见谁,谈什么事情,按计划执行,你就会发现你一周的工作都是满的，不会乱跑。

5. 拜访出工不出力

一个业务员在药店里待的时间有多长，就说明他和药店的关系有多好，时间越长关系越好。有个厂家搞定位要求在药店里待上 20 分钟，结果老碰到有的业务员蹲在药店门口打游戏，凑齐 20 分钟再走。

还有的业务员用图片报到的，直接在药店/诊所门口拍个照片就走。

还有的业务员一进店就问："张姐，我们的产品卖得好不好？""不好。""那好，你帮我多卖卖，我改天再来！"然后告别了，如果你是张姐，你卖我的货吗？

还有的业务员一进店就问："老板，我们的产品缺货吗？要不要补货？""不缺。""好，你缺货了通知我送货。"自己都不去货位看一看。

6. 势利眼

第一种是负责人在就去，负责人不在就不去。去之前打电话，负责人说不在，就不去了。货不是只有老板、店长在卖，店员卖得更多。负责人不在，你才更应该去，店员才会告诉你真实的情况，店员才会愿意和你多聊，要是老板、店长在，他哪里敢说实话。

第二种是一进门就问："老板在不在？"在，就直接找老板；不在，扭头就走。你考虑过店员的感受没有，你不在意店员，店员也不会在意你的产品。

第三种是不尊重店员，去了店里和店长或者老板谈笑风生，走的时候从来不和店员打招呼，觉得我跟你的领导好，你自己会卖的，恰恰店员就故意不卖你的货。

7. 挑店拜访

计划在一条线路上的店，走到了客户门口却不想进去，因为你知道他不好说话，故意绕开，说抽时间再来。人都喜欢做容易的事情，可是只有做难做的事情，我们才更容易成长。

客户难说话，产品不好卖，你不去拜访就会卖得更差。只有不挑店拜访，也许这一次的拜访就会迎来产品销售的转机。

第二节　为什么要做好终端拜访工作

很多销售人员浪费了大量的时间。时间的应用到底怎么来衡量，就是你每天花了多少时间在和客户接触。现在就有个问题，很多销售人员其实都在干什么？都在逃避和客户的有效接触。因为有很多人拜访客户第一次以后，就加了微信，然后天天在微信上面跟客户进行各种交流。这种方式也好，但是它替代不了面对面的接触。所以，我们对每个客户的拜访频率还是要有一定的要求，每天花时间和客户面对面的交流，而不是微信交流。

跑业务，只有跑起来才会有业务。做销售就是要和客户在一起。

面对面的拜访是我们提升客情和提高产品销量的必备工作。

1. 只有拜访，才能建立客情

客情的建设需要时间、精力、事件和金钱，这四大要素，只有在稳定的、面对面的拜访中才能够实现。

时间，是指我们和客户接触的时间和相互了解的时间。如果不能够相互了解，是不可能建立客情的。

精力，是指销售代表要花心思研究客户，了解他的性格特点和喜好，为以后的合作建立客情提供帮助。

事件，是指要和客户发生一些事情，让彼此印象深刻。最好做一件感动客户的事情，做他经常看见你做的事情，做他从来没有见过的事情，这都是在加深客户对你的印象，而你依靠电话和微信是做不到的。

金钱，是指必要的礼品投入。客户永远不会听信我们说了什么，只会看我们做了什么，所以必要的礼品投入是必需的。

2. 只有拜访，才能发现销售中的问题

断货、滞销、替换、陈列调整、店员流动、销售疑问等，只有拜访才能发现并及时修正这些行为。

如果你不到药店现场去看，你很难发现上述所提到的问题。你打电话问老板缺不缺货，老板根本就没有看柜台或者系统，就随口给了你一句"不缺"，也许你就信以为真，其实早已断货了，等你再去店里的时候，你的产品已经被竞品替换掉了。

想一想，你有没有因为疏于拜访而导致产品断货多天，你却不知道的情况？

想一想，你有没有因为疏于拜访而导致产品滞销的，月初去是5盒，月末去还是5盒的？

想一想，你有没有因为疏于拜访而导致自己的产品被竞品替换而没有及时发现的？

想一想，你有没有因为疏于拜访而导致你的产品陈列位置被调整而不知道的？

想一想，你有没有因为疏于拜访，再去药店的时候发现经常卖你货的店员已经辞职一个月了你却不知道？

想一想，你有没有因为疏于拜访，店员因为卖药有疑问，比如消费者说产品效果不好，你没有及时答复而店员不再推荐，销量持续下降的？

以上常见问题，只有保持面对面的拜访才有机会发现并解决。

3. 只有拜访，才能找到产品动销的核心点

没有利益就没有客情，没有客情就没有首推，没有首推就没有销量。产品动销，必须解决两大问题，即店员愿不愿意卖和会不会卖的问题！这

里的"利益"不一定是物质利益，也可能是客情。

不是只有"首推"才有动销，良好的客情也可以带来动销，因为不是所有的首推，消费者都会接受的。当消费者不接受首推，你的产品能不能成为店员的二推和三推就尤为重要。

只有保持拜访，尤其是负责人不在店里的时候，店员才可能跟你说实话："你的产品根本就不是首推；你的产品老板并没有给加提；你给店长的奖励，店长并没有给我们；你给总部的奖励根本就没有到我们的手上等。"

4. 只有拜访，才能拓展客户

我们拜访老客户的目的，除了让老客户动销和上量，我们还要通过老客户的拜访来挖掘新客户。用汽车销售大师乔吉拉德的"250定理"来说，每个老客户的背后都有250个潜在的客户。每个药店的老板或者诊所大夫都不是孤立存在的，要么他的亲朋好友在开店，要么他有自己的药店或者诊所圈子，只有在稳定的拜访中才能获得这一消息，进入客户的人脉圈，并且开发的成功概率很高。

在拜访中，店员或者店长也可以为我们推荐客户。店长可以推荐其他门店的店长给我们认识，店员可以给我们推荐别的药房或者别的门店让我们去跑，因为有第三方的推荐，开发和上量的成功率都非常高。

在拜访中，可以认识其他企业的朋友，一起交流销售的经验和客户的情况，便于我们更深入地了解客户。

5. 只有拜访，才能发现客户的需求

不管产品卖得好不好，客户都是有需求的。不管是产品需求还是服务需求，只有我们在拜访的过程中才能发现。

例如你有二丁颗粒，但是竞品压了很多货，导致客户无法购进你的货。但是在后期的拜访中，你发现客户的二丁颗粒越卖越少，并没有补货，进一步了解发现是竞品的业务员不做了，这时候就可以导入你的产品；或者在拜访中发现客户正在寻找某一类产品，你恰恰有，顺理成章地

开始合作。

服务的需求，比如客户马上要搞店庆活动了，那么碰巧你通过拜访了解了这一信息，你就可以跟客户主动谈支持活动。一方面可以增加你的产品销售；另一方面可以增加你的客情。

例如拜访诊所客户，正好需要一个阴凉柜，你做一个进货方案，进货会送一个，一举两得。

当你动都不想动，店都不想跑的时候，就不要谈动销。

第三节　做好拜访前的规划

很多业务员每天醒来的第一句话不是说"我今天要挣多少钱"，而是感慨"我的天啊，天又亮了，今天去哪里"，或者是"今天是周几啊，怎么还没有到周六"。为什么会出现这些情况，原因在于业务员没有做好拜访的规划。

1. 拜访线路的设计

(1) 按照"线"或者"面"规划拜访线路

按照"线"跑，就是按照某几条主要大道来设计拜访线路，比如我跑武汉洪山区的业务，就可以周一按武珞路的两边拜访门店，周二按雄楚大道两边跑，周三按南湖大道两边跑，等等。

按照"面"跑，就是将自己的区域划成方块区域，一天去一个区域。

大家一定要有纸质地图，原因很简单：第一，手机地图永远看到的是局部区域，而纸质地图更容易看你的区域全貌；第二，纸质地图便于做标记，尤其是刚开始做业务的时候，便于扫街做笔记，熟悉自己的区域，去过的地方都可以标注出来。

在每周日的晚上，就可以在自己的笔记本上写下下周拜访的区域和客户终端和目标，下周拜访目标就清晰了。大家可以参考我做业务时用的最简单的表格，如表6-1所示。

表6-1 拜访目标表格

时间	客户名称	事由	结果
周一		补货、查库存、客情维护、调整陈列、贴柜培训、驻点促销、促销活动	

（2）计划一旦制订，就不要轻易更改

有的朋友可能会说，计划都制订了，但是销售实际过程中突发事件太多，不能严格执行，计划做了跟没做一样。我能理解，但是我不得不提醒你，你对客户的"随叫随到"，可能给客户的感觉是"你无所事事"。

如果客户打电话给你，你问："张经理，我今天在××区域拜访门店，你那边安排的是周三，我周三过去行不行？"不行，我们再过去。我想，今天非去不可的事情所占的比例不会太大。

2. 拜访频率的设计

拜访频率的设计是根据客情情况和销售进展两个因素来决定的，而不是简单地按照客户的分级，大客户多去，小客户少去，这样只会让我们的客户越来越少，销量越来越集中于个别客户，那么风险也自然越来越大，如图6-1所示。

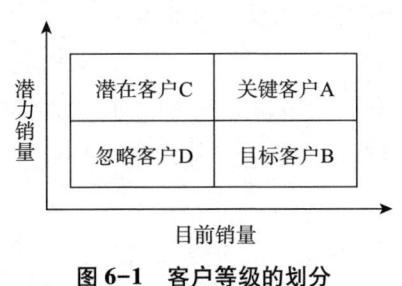

潜力销量	潜在客户C	关键客户A
	忽略客户D	目标客户B

目前销量

图6-1 客户等级的划分

对客户等级的划分也不能太机械化，有的人按照药店的体量，有的人按照自己产品的销量，这两种划分都是太机械。客户体量大，我们产品卖得少，说明空间还很大；客户体量小，说明我们的销量还不错，可能是这个门店的最大销量，无法再突破。因此，大家要将二者综合起来评估。

什么叫作按照"客情程度"？也就是说，关系好的客户少去，每次去把该办的事情办到位，留下深刻的印象，让客户知道，你还在这个企业干，产品政策没有变，以维持和推进现有的关系。

对于客情不好的终端，我们要多去，这样才有机会发现更多和客户建立客情关系的机会，以加深客户的印象和推进客情关系。

什么叫作按照"销售进展"？月初，我们都会领到销售目标，然后将销售目分配到每个具体的客户头上，那么在销售拜访中，对于已经完成这个进货目标的，我们可以减少去拜访的次数；对于没有拿足货的客户，我们可以增加拜访的次数来完成目标任务。

3. 拜访目标的制定

拜访每一个客户之前，我们的目标都要非常明确，如我们去客户那里干什么。比如建立客情，那么你今天去这个终端，准备跟谁建立客情，用什么样的方式建立，开场的话怎么说。

比如你在朋友圈得知，张店长今天过生日，那么你就可以带上面膜作为生日礼物，说昨天偶然看到你的朋友圈得知你今天过生日，就给你带了个小礼物，祝你生日快乐。

比如你的目标是想要门店进货，事先就要想好进哪个产品，进多少盒，店长不接受建议怎么办？我怎么说服店长答应，方法是什么，大家要做到心中有数。

我们的目标还可以是门店陈列，了解我们竞品的动态，甚至简单的刷脸，混个脸熟，看看其他厂家最近有没有新的促销活动、方案或者有特色的商品。

第四节 看货、订货、压货、维价技巧

1. 看货技巧

说到看货，可能很多销售人员都会说，我会看货吗？

为什么你每次都在看货，还有那么多的滞销产品出现？

为什么你在看货，却没有把其他产品导入客户那里？

为什么你在看货，却让竞争对手压货了而让客户无法进你的货？

首先是看自己的货，你要知道，给这个客户究竟送了多少货。做内训的时候，经常会搞一个测试，让业务员写出你给某个客户送了多少货，最后和流向做对比，发现有些货送了自己都忘记了。很多时候，卖得好的产品一直在送，而卖得差的产品早就忘了，直到产品近效期，客户才想起来找你处理。看自己的货，我们要把握以下要点：

- 看品种和品规是否齐全，提醒客户补货。
- 看产品效期和动销如何，如果效期不好或者动销慢，想办法处理。如果三个月卖不出，不采取措施，放三年也卖不出。
- 看陈列位置。如果位置不好，要注意调整，绝大多数的产品滞销和产品的陈列位置不好有着莫大的联系。

另外，我们还要学会看竞品，看竞品的效期、陈列数量、陈列的氛围、促销活动等。

如果你第一次谈业务，客户有这个货，没有进你的货，但是在后续维护的过程中，你发现竞品断货了。可能是竞争对手的业务员不干了，或者客户和这个业务员合作不愉快，或者厂家的产品断货了，不管什么原因造成的药品断货，这时候你要提醒客户，你有这个产品，然后下大力气导入这个品种，比如一次进100盒送一桶油。

通过看客户的陈列来了解竞品的动销动作，比如竞品压了不少货，注重陈列和店员促销。

我们看货的目的是寻找销售的机会，而不是应付差事或者搞形式主义。有以下三种情况时，我们一定要把握住机会：

（1）竞品库存不大的时候，就是我们压货的时候

如果我们拜访的过程中，发现竞品的库存不多，一定要在终端压货，因为我们经常碰到这样的场景：当我们让客户进货或者压货的时候，客户总是会说进的竞品太多，要先消化竞品才能多进我们的货。我们也要学会压货，不给竞品压货的机会，我们压多了就抑制了竞品销售。

（2）竞品业务员流失的时候，就是我们重获客户芳心的时候

在拜访过程中，发现竞品库存不大，得知原因是竞品的业务员辞职了，或者换了一个新业务员，但是客户对他的服务不满意，等等。当这种情况出现的时候，就是我们重获客户芳心的时候。

（3）竞品促销活动停止的时候，就是我们乘胜追击的时候

拜访的过程中，问客户为什么竞品的库存不大，客户给的答案是竞品的促销活动停止了，那我们就要赶紧拿出促销方案，抢占有利的位置，这是我们乘胜追击的好时候。

在拜访的过程中，只要发现竞品留给我们机会，就不要放过，一定要抢占客户的资源。

2. 订货

（1）如何让客户多下单

首先就是订货的数量谁说了算，其次是如何跟客户报订货的数量。

订货的数量谁说了算，绝大多数情况下有的业务员可能说客户说了算，也有的业务员可能说自己说了算，但是我想说的是我们两个说的都不算。订货的数量，我觉得要跟客户协商。绝大多数的业务员是怎么做的？我们见到最多的场景是什么？

就是记笔记式的，客户说多少就记多少，客户说阿莫西林来 10 盒、A

肿痛酊来 10 盒、B 定痛丸来 10 盒，记完了，你来了句："好了，明天保证给你送到。"回家之后，算账发现送这点货搞不好还赔钱。然后你就私自给客户加数量，阿莫西林来 30 盒、A 肿痛酊来 30 盒、B 定痛丸来 20 盒。

结果你给客户送过去了，就会遇到两种情况：一种情况是客户接受了你的数量，但是客户说这批货你送的太多，不能给你结现款或者月结。你觉得理亏就接受了。如果客情不好，或者脾气差一点的客户，不要多余的货现场退你。你以为客户给你报的计划多少盒他不知道？他心里记得很清楚，别在客户那里玩巧。

对于这种情况，我经常给业务员讲个故事，你到餐馆吃过饭没？你是不是点完菜或者在点菜的过程中，服务员会告诉你有什么特价菜、特色菜，问你要什么酒水，争取更多的销售机会，而你在卖药的过程中没有这么做。

你可以说，我们 A 肿痛酊现在有活动进 30 送 5 盒或者送点别的什么东西，有人说不一定会成交，但是你至少提出过要求一次，哪怕说十次成交一次，你是不是多赚了钱？所以做 OTC 和做生意一样，要学会算账。

哪怕你给客户加数量，是不是也可以用点技巧：比如给客户电话，**我来仓库报计划开货，内勤说 A 肿痛酊只有 20 盒了，估计下个月才能到货，我担心不够你卖，怕你断货，给你开 20 盒行吗**？至少让客户知道你关心他。

给客户提进货数量也是有技巧的，客户很难接受我们的第一次报货数量，比如你说进 100 盒，客户一定会打折扣要 60 盒或者 70 盒，或者更少。既然这样，你还不如多报，我在内训中经常讲我自己当年的一个实战案例：

跟客户谈了 2 个小时的业务，最后要求客户进 5 盒，客户只进 2 盒。

后来，客户跟我语重心长地说："小鄢，一看你就是业务菜鸟，你跟我谈了 2 个小时，都在说你的产品如何畅销，结果你说让我进 5 盒，显然你信心不足，你前面说的话都不太真实。

"另外你让我进 5 盒，我是一定会打折扣，最后就剩 2 盒了，但是如果你提出进 50 盒，我怎么也不会打折到 2 盒，悬殊太大，我都不好意思，最差也得进 10 盒。"

客户是最好的老师，这一点一直伴随我的职业生涯，并且我也一直坚持使用这个技巧，希望对你也有所启发。

以后，大家给客户报数量就往大了说，让他打折。后来看《孙子兵法》，我彻底明白了这个道理："欲取其中，必求其上；欲取其上，必求其上上。"

我们想让客户进50盒，客户不接受，我们怎么来说服客户接受？

①利益诱导。比如进50盒可以多送一桶油，阶梯奖励政策，进50盒比30盒的费用大，进50盒可以赠送别的产品10盒等，就是用利益来诱导。

②活动备货。本周六，我们要过来做活动，你多备一点货，免得到时候活动，货不够卖。

③货已分配。如果是关系比较好的门店，和店里的店员的关系都比较好，我们可以跟店长讲："刚才和张姐、马姐、李姐做了产品培训，她们现在卖起来更有信心。**李姐你卖15盒没问题吧，张姐你卖20盒没问题吧，马姐你卖10盒没问题吧？**"当着店长的面再确定一下。

④客情关系。纯靠客情关系，帮忙完成销售任务。这种方式需要平日客情维护得到位。

(2) 如何现场拿单

在订货部分还有一个实战问题经常困惑着我们的一线销售人员，就是客户答应进货，最后却没有进。这种情况在连锁药店的拜访中是经常发生的。跟客户说好了进货，可是到了月底却发现销售流向上没有，很多销售人员说是客户忘记了。

那么我们如何规避这种问题？我列了以下几个方法供大家参考：

①**获得承诺，不见下单不走**。如果店长答应了进货，就不要着急离开，确定客户下订单再走。

这时候，我们一定要盯着店长在电脑上下单了，我们再离开。如果这个连锁药店还没有这个系统，我们也要看他记录在报货本上了，我们再离开。

②**及时跟踪，看到货情况**。有些连锁药店的门店并不是每天都会到货的，尤其是县域连锁或者乡镇上的门店。当客户答应我们进货的时候，我们要问清楚几号可以到货，或者周几可以到货，我们可以在前一天叮嘱客户进货，第三天再去看货到了没有。及时跟踪是防止客户忽悠我们的好方

法，如果客户几次忽悠你都被你逼迫进货，以后也就不敢忽悠你了。大家都知道，越是好说话的业务员被忽悠的概率越大。

③**及时兑现承诺，上保险**。有时候，客户答应进货最后没有进，或者迟迟不答应进货，一个原因就是，客户担心我们承诺的东西不及时到位。因为失信的业务员太多，进场跟客户说有什么政策，诱导客户进货，可是货进了之后业务员不见了，或者答应的政策无法兑现。所以，碰到以上情况，我们可以把政策提前兑现，把礼品先送给客户，客户就会打消这种顾虑，成交率就会更高。

3. 压货

"销量是压出来的，不是一盒盒卖出来的。"我曾经听到了两个关于压货的故事一个是某业务员跟客户承诺，以纯销为主，绝不压客户一盒药，获得了客户的喜感，却没有获得客户的销量。

还有一个是企业号称要和某品牌药共同做好某一领域的用药，压货不是好的销售手段，只要共同教育消费者来提高这一类病种的购药量就能增加产品的销售，结果患者教育了，患者都买了竞争对手的药。

不管是哪一类药，消费者买了竞品的自然就不会买你的。

在和某销售团队做培训的时候，也有业务员提出疑问，鄢老师不是过来讲动销的吗？为什么还要讲压货？这不矛盾吗？不矛盾，动销是根本，压货是前提。你说，客户那里连货都没有，动销什么？压货本来就是在给你和客户制造动销的压力。

（1）为什么要压货

①**客户的仓库面积有限，多进了你的，就会少进竞品**

终端 OTC 代表开发新的药店和维护老店要求进货时，经常会听到客户说这么一句话："同类的某某产品我这次进的太多，库存压力大，等我消化一些了再购进你的产品，不信打开我的柜子给你看！"一打开，满满的一柜子！你灰溜溜地走了。

过了一阵子，约莫快卖完了，再拜访门店，发现又是满满一柜子，老板说："前两天又进了一批某某产品，你的还是进不了。"然后，你欲哭无泪！你抱怨客户说话不算数，你抱怨竞争对手压货太凶狠。

其实你更应该反思自己。为什么受伤的总是你！你总是把悲伤留给了自己。客户的仓库好比一个人的胃，吃了几个包子吃撑了，就算给你山珍海味，你也无动于衷的，实在吃不下。你的产品再好，再有竞争优势，可是客户进够了竞品，你的自然是购进不了了。压货一定要抢在客户没有"吃饱"之前。

②只有压力大了，销售动力才大，销量才能提高

客户现金购进的产品，只有快速销售出去才能快速回笼资金，他能不拼命卖吗？哪有闲工夫去卖那些铺货的产品？内心的动力足了，推荐的力度就会加大，推荐的力度大了，销量大了，回头客就多了，药店推荐就更有信心，销量就稳定在高水平了。

销售有"概率法则"，打比方产品的回头率是10%，A产品你一个月卖10盒出去，会有1个人回来找，运气差点的一个回头客都没有。结果店员说产品的效果不好，下次不敢推荐了。另一个产品B，你卖100盒一个月，会有10个人回头找，店员说有效，推荐了就更有信心了。卖得好的越卖越好，差的越卖越差。

③更容易升华客情

没有什么比给客户带来利润更让他们开心，你的产品在药店畅销了，药店老板挣钱了，客户会更看重你，怕你断他的货。因为从药店来说，培育一个"黄金单品"也不是一件容易的事情，你的地位提高了，带来了更多的尊重，再引进公司的其他产品，就是顺水推舟的事情。

④堆头陈列，提升品牌效应

药店的库存量大了以后，肯定会加大陈列面和陈列数量，因为他们也知道"货要堆着卖"这个道理。另外，突出的陈列也会引起店员的注意力和消费者的注意力，提高首推率和成交率！

⑤压出销售习惯

压得多了，卖得多了，回头客多了，自然店员有了卖药习惯。医生有处方习惯，店员也有卖药习惯，一旦形成习惯，不管店员到哪个药店去卖药，都会想着去卖你的产品。

（2）怎么压货

既然压货有这么多好处，怎么把货压下去？

压货分为两种：第一种是平日拜访中让客户提高进货数量；第二种是专门做促销活动鼓励客户多进货。

①**进货赠货**

进品牌产品或者主品，其他跟随产品免费送。和某地总聊天，一个月就有一个促销主题，他们一次就压客户半年的货，如阿莫西林、感冒片都是免费送的。你如果不能压半年的货，压一个季度的也行。注意：这里千万不要拿近效期的产品送，客户会反感。

活动细则：一次性现款购进某产品 200 盒，赠送阿莫西林 200 盒。（价格体系根据公司实际情况制定），一定要把客户的获利算清楚，这一单做下来，客户全部卖完货能挣多少钱，用利益来诱导，而数据又是最具有说服力的。

②**进货送礼**

一次性现款购进某产品 200 盒，送金龙鱼大豆油 5L 的 10 桶。注意：这里赠送的礼品一定要是品牌产品，有一定的知名度并且有质量保证。

③**进货返利**

一次性现款购进某产品 200 盒或者满 5000 元，返利 10%，等等。

④**进货旅游**

一次性现款购进 6000 元产品赠送海南三亚一周游。

⑤**促销活动**

这里有两种情况：一种是现款购进 20000 元的产品，跟你搞两天送鸡蛋的活动；另一种是跟你搞两天送鸡蛋的活动，你根据销售额购进多少金额的我公司的产品。

⑥**学术压货**

一般在诊所运用的比较多，进多少货可以参加我们的某个时期学习班等。

当然，还有圆桌会、订货会等都是压货的利器，在后面的章节将详细讲解。

（3）压完货干什么

很多厂家压完货，收了款就万事大吉了，坐等下次的压货。这里一定要谨防虚假繁荣后的一片萧条！不管压了多少货，我们都要及时关注产品的动销情况，压得货客户卖得不好，最后找你退，你是退还是不退，因为我们毕竟做的不是一锤子买卖！滞销了，以后你再合作压货，客户会接受吗？

及时关注动销，还可以快速进行二次压货，当客户产品库存量不大的时候，再次压进去，无缝衔接不给竞争对手任何机会！

压货的几点注意：

①**合理压货，充分考虑客户的消化能力**

超出客户销售实力的压货，只能给自己埋下定时炸弹，不管客户给你有没有结款，只要货没有卖出去，货永远都是你的。

②**关注客户的零售价格，以免客户以价换量，低价出售，扰乱市场价格**

不要因为客户为了快速回本，而低价抛售产品，导致乱价，进而毁了整个市场。

③**关注客户的销售情况，以免客户低价"分销"，转移库存**

客户将拿来政策的产品，给别的药店卖，甚至底价让别的厂家业务员帮他把货卖出去。

④**协助客户做好动销，以免滞销制造麻烦**

卖不完总是要找你。

⑤**关注库存，伺机而动，再次压货**

把悲伤留给你的竞争对手，不要给他有再次或者首次侵入的机会，建立起你的竞争壁垒。

4. 维价

某地总在温州地区操作 SQJW 这个产品，当终端客户出现降价销售，扰乱市场价格的时候，销售人员还暗自高兴，心想反正都是卖我的货，降价销售后，我的销量增加了，也没有损失。规定零售价 38 元，有药店卖 35 元没有管，就有人卖 30 元；有人卖 30 元，为了价格竞争，就有人卖 25 元。最后，所有的药店因为打价格战，没有利润空间，都不销售了，这个产品在温州地区直接做死了。

价格维护不好，不能提供公平的市场竞争环境，产品销售通路商的各个环节得不到利益的保障，各个环节的推力就会减弱，直接影响产品的销量。

（1）什么是维价

维护价格：简称"维价"，即产品在 OTC 终端（药店、诊所、网上药店等）销售的价格低于合理的零售价格，生产企业及其代理商共同将价格调整到合理的零售价。

（2）价格为什么会乱

乱价的根源是企业的策略和管理的问题。什么客户都合作，自然就给了投机分子的机会。要解决乱价问题，维护公平竞争环节，还是在于企业选择什么样的客户合作和对于破坏市场公平竞争分子的处理。

管理不好渠道，谈维护终端价格都是胡扯。

（3）怎么跟客户谈涨价

随着经济的发展，各种成本上涨，产品的供货价和零售价上涨，是 OTC 销售中的常态。但是，没有规划的调价，没有方法的调价，只会招来客户反感。涨价让客户接受，大家要做好以下几件事：

①**先涨零售价，再涨供货价**

零售价涨起来后，不要立马涨供货价，加大动销措施，让客户看到零售价上涨后，产品的销量并没有下降，甚至有了更大的提升。

②**零售价的涨价幅度要大于供货价的涨价幅度**

③**提前吹风**

涨价之前就提前吹风，说的次数多了，客户更容易接受，因为听习惯了。千万不要搞突然袭击，这样客户难以接受。

④**要有红头文件**

让客户觉得，供货价和零售价的上调，不是销售人员的个人行为，而是厂家行为。调价也不是个别省区的行为，是全国统一的行为。

【实战问题解答】

（1）产品近效期了，客户要求退货怎么办

"产品滞销不是市场产生的，是业务员干出来的！"虽然这句话听起来心里有点不舒服，但是事实确实如此。

首先，为什么说产品滞销的根源在于业务员。

药店或者诊所既然敢进这个产品，多半是这个药店有这一类的消费者或者患者，要不然是绝对不会引进，这在诊所表现得更明显。

如果诊所大夫把你的药卖过期了，只能说你和他几乎没有客情，或者你的拜访根本没有做到位，因为医生有绝对的处方权，只要他想卖是绝对可以卖出去的。那为什么还是会导致近效期产品了？是我们的业务员对产品的注意力不够。

有人可能不服气，我问你：你给某个药店或者诊所送了多少个产品，你自己心里清楚吗？你记得住吗？是不是卖得好的产品你不断在送货，而卖得不好的产品早已经忘到九霄云外了？等到药店诊所发现过期的时候，通知你的时候你才恍然大悟。

你每次去药店，关注产品的效期吗？ 是不是有的人发现效期不好了，还不吱声，怕给自己带来麻烦。但是只要客户的货没有卖出去，不管你结没有结款，货永远是你的，因为客户永远会找你。

有人说是公司的责任，公司产品的效期本来就短，公司产品送来的时候就剩一年效期。好像听起来与自己无关，但你明知道效期有问题，为什么发货的时候不控制数量。你既然知道问题，压完货之后不积极协助客户动销，而让他陷入滞销的境地。

早发现，早处理。 还有一年效期的时候，引起店员的注意力，有意推荐，也比后来还剩2~3个月推起来容易，从一年效期到3个月效期，好歹还有九个月的时间，究竟是什么产品，有多大的库存，9个月还处理不完。

有人问，产品成为近效期了，我们该如何去处理？

最蠢的办法是把货退回来，搞得自己好像很大气的样子，很给客户的面子一样，但是会带来以下两个后果：

第一，你的这个产品在这个终端客户这里永远没有销售机会了，因为人家觉得不好卖。

第二，给客户造成一个假象，鄢圣安的品种卖不出去没事，都可以退，我先卖那些不好退的产品吧，这样客户推荐你其他产品的动力或者压力就会减退，你的产品销量可能就会下降。

我做业务和带团队用了以下百试不爽的方法：

第一步，有情有理地沟通。张老板你看，我们公司是不允许退货的，退货都是由我们承担，你看这样行不行，你按照我的方法去卖，如果最后卖不出，我不让你吃亏，我全部买走。但是你多卖一盒，我就少赔一盒，你看这样行不行？

有一次讲内训课，有个业务员说，这么说老板说不行，必须现在就拿走，我说你天天拜访工作做到哪里去了？这么说都不同意，你和这个客户有客情吗？

第二步，调整陈列。我们会发现，觉得大多数滞销的产品都是跟陈列位置不好有很大关系，因为陈列位置不好，不容易引起店员的注意力，自然被营业员忽视，自然就没有了销量。处方药调整到柜台的第一层，非处方药陈列到开放式货架的第一层或者第二层。调整的目的是引起店员的注意力。我不建议放到花车上，因为给消费者的感觉不好，毕竟药品是特殊的商品，关系人的生命健康。

第三步，教营业员怎么卖。首先，讲清楚什么症状的人可以用这个产品。其次，讲清楚我们的这个产品可以和某个产品联合用药或者拦截用药。这两点很重要，因为来药店买药的无非两种人，要不直接说症状，要不直接点药，把我这两点和店员讲清楚，店员的目标客户很精准，容易成交。最后，客户不要怎么办，营业员该如何跟消费者说，我们也要告诉他。

比如消费者嫌贵，我们可以从以下四个方面着手：

第一，强调病情的严重性，不这样用药会带来什么后果。

第二，化整为零，告诉他一天的治疗费用是多少。

第三，分析究竟是长期吃药贵，还是短期用药贵，算长久的账。

第四，相对其他治疗方式来说便宜。

比如消费者说这个药没有听说过，我们可以从以下两个方面着手：

第一，这个药不是打广告的，没有听说正常，但是是临床带动的，医生在开，有疗效保障。

第二，你听说过的药，不一定对你的症，不一定适合你现在的病情。

消费者会担心效果好不好，我们可以从两个方面来说：一是讲故事，××和你一样的症状，用了之后非常好；二是可以说我们药房一个月卖100多盒，给消费者信心。

第四步，奖励。上面第三步解决了会不会卖的问题，这里就要解决愿不愿意卖的问题。给一些提成，买一些礼物都行。有的人可能会说，这样可能吃亏了，退货的钱比给他的钱还少。但是你想，如果真的按第三种办法把货给卖出去了，他是不是找到了卖产品的方法，继续供货，你不是开始赚钱了吗？

在这里要注意，尽量不要做单品提成。因为后续如果客户继续进货还要这个费用我们支付不起。

（2）客户反映产品效果不好怎么办

客户反馈我们的产品效果不好，这个是实际业务中我们进场会面对的情况。当客户反馈这个问题时，销售人员一定要重视。因为一个店员有这样的困惑，你不及时解决，就会导致其他店员不敢卖。如果医生有这个疑问，你不解决，那么医生也不敢继续处方。

不少销售人员碰到这个问题就会怀疑自己的产品有问题，这种思想是不对的。因为不管你卖哪个厂家的药，也不管你卖什么药，出现这种情况都是正常的，因为你卖的是药而不是仙丹。真实的原因是什么？我们又该如何应对？

客户反馈产品的效果不好，一般有三种原因：一是客户故意这么说来推脱你的其他要求；二是客户自以为的；三是患者或者消费者回来反馈的。

什么是故意说的？比如你今天是来找客户压货的，客户故意说产品效果不好，以此为借口而不压你的货。或者你问客户为什么卖得少，客户说产品效果不好来推脱自己不推荐和不处方的责任。所以客户在什么情况下说的这个话，我们要加以识别，去伪存真，不要被客户忽悠了。有时候也有可能是店员和医生想问你要政策。这种情况下，无论你怎么解释都没有用。

客户自以为的是什么意思？就是客户觉得没有回头客，而误以为产品效果不好。一个产品有没有回头客跟两个因素有关：第一，这个产品的销量是否大，销量不大，没有回头客很正常，一个月卖10盒和一个月卖100盒的产品的回头客自然不一样。第二，跟疾病有一定的关系，有些疾病本来就是偶然生病，用药得依赖性本来就不强，你不能天天盼着消费者生病吧！

更多的情况是，消费者回来反馈产品的效果不好。

对于消费者说产品效果不好我们也要认真识别，有可能是嫌店员推荐或者医生处方的产品价格高了，故意说产品效果不好。所以，店员或者医生可以先问上次是什么原因吃的这个药，怎么使用的效果不好？如果真的是店员或者医生给这个患者推荐或者处方过这个产品，患者也真的用了效果不好，我们可以参考以下回答。

针对这种情况，我们一定要问清楚，万不可用简单的"个体差异"或者说"不可能，人家用的都挺好的"来敷衍客户，不说服客户，客户是不敢继续卖的。那么，我们可以通过以下问题，来挖掘出产品效果不好的真实原因。当然，在询问以下问题的时候，我们尽量不要当着消费者或者患者面来问，因为有时候客户不会承认。

①**是否对症**

中成药是非常讲究对症的，如果你卖的不对症，消费者用的效果不好是常见的事情，你把风寒感冒的药卖给了风热感冒的人，你把祛肺火的药卖给需要祛胃火的人？你觉得效果会好吗？

②**是否联合用药**

很多时候，消费者想快速解决自己的病痛。联合用药，快速解决病症是消费者判断效果是否好的前提。

③**有没有疗程用药**

有些病是需要按疗程服用才是有效的，尤其是一些慢性病，需要慢慢治，所以是否疗程用药很重要。

④**用法用量是否正确**

这一点也是直接影响产品疗效的，首先是"用法"：用温水送服，你是用的温水还是冷水？还是啤酒送服的？还是干吞的？让你餐前服用或者餐后服用你是按照说明书的要求来的吗？再说说"用量"，让你一次吃3片，你有没有因为省钱，只吃了2片，让你一日3次，你总是想起来就吃。不按说明书或者不听医嘱的使用，效果能好吗？

⑤**是否遵守注意事项**

你一边吃药治嗓子疼，一边还吃辛辣食物抽烟，效果能好吗？

⑥**消费者的期望**

这一点很重要，消费者期望达到什么样的效果。比如肩周炎，有的人觉得吃完药没有昨天那么疼就算有效果,有的人觉得一点都不疼才叫有效果,有的人觉得一辈子不疼了才算有效,所以消费者的期望也是我们参考的一个因素。

⑦**个体差异**

个体差异是绝对存在的,如果上面的六点都没有问题,就用这一点了,你放心,90%的情况在前面6点就可以解决了。

第七章

终端陈列：位置决定销量

产品动销的三驾马车"激励、培训、陈列"。陈列在产品的动销中占有重要的一席之地，但是很多销售人员并不重视产品的陈列，有的销售人员告诉我："公司怕我们偷懒，所以安排陈列的活儿让我们做。"还有人告诉我："因为领导经常看见别的企业弄，所以我们也要弄。"

第一节　为什么要重视陈列工作

陈列是指以最能诱导消费者的方式展示产品，将产品明显地展示，增强消费者的购买欲望。

那么药品作为一种特殊的商品，通常情况下消费者买药会咨询店员和医生，那么陈列在医药销售行业中另一个作用就是提醒医生处方或者店员推荐我们的产品。

1. 把最想卖的产品摆在最好的陈列位置上

我们从《药店人》的报道的内容中，可以发现陈列的重要性：

陈列的位置不一样，销售重视的程度不一样：公司重点推荐的产品应该摆在黄金货位。高毛利产品、重点推荐产品、业绩贡献大的商品、广告热销商品要陈列在相对较好的位置。促销走量商品的陈列面需大于其他普通商品，条件允许的话，做3~4个陈列面。销售额贡献较大的商品，陈列面相对扩大，条件允许，做2~3个陈列面。

陈列位置不一样，对消费者的影响不一样。有统计数据指出，大约60%的顾客会被店内广告及陈列影响自己的购物决定。

2. 从药品推广者的角度看待陈列的重要性

（1）陈列等于销量

曾经有调查公司统计，一个好的陈列可以顶替两个店员。药店销售的好的产品基本都占据好的陈列位置，千万不要相信店员的话："只要我想卖，摆在哪里都可以卖出去。"药店是商业组织，药店的每一处地方都是花了租金的，最好的位置一定给最有经济效益的产品，做实体门店的人都会算坪效。

当下"店员不愿多说一句话，多弯一下腰，多走一步路"的现状，你的产品排放的位置，也直接决定了他愿不愿意推荐的问题。

（2）陈列等于店员的重视程度

你千万不要告诉我陈列是做给消费者看的。不能说不对，至少不完全对，因为药品是特殊的商品。但是店员一天在药店里待8个小时以上，如果你的陈列做得好，不管是集中化陈列还是生动化陈列都可以给他留下印象，当他碰到这类患者的时候，就会想到你的产品。

（3）陈列是做给潜在客户看的

药店的老板都不是孤立存在的，他们会有自己的药店圈，那么关系好的同行之间会互相交流，当他的朋友在某个药店看到你的产品格外突出的时候，他就有可能联系你，也要做你的产品，因为谁都知道，药店不会平白无故给你那么好的陈列。

同一个片区的药店，他们是同行，他们之间会互相暗访，那么竞争对手哪个产品陈列得多，一定是要卖的。我们在谈判中，客户经常要求我们做了他的店就不要做附近的店，但是别人的店卖的货，他是一定要卖的。

（4）陈列是为了防止被拦截

特别是广告产品和临床产品，本身的利润空间不大，药店不会给他好的陈列位置，当消费者走进药店不能够直接看到产品的时候就会问店员，店员就有了拦截的机会。要是陈列显眼，消费者直接一拿药就买单走人了。陈列，对于广告和品牌产品来说尤为重要，要不然就会被拦截。

（5）陈列是建立和提升品牌形象的重要手段

良好的陈列可以加深品牌在消费中心目中的印象，用专业术语说，抢占消费者的心智，对提升品牌的形象起到重要的作用，为产品的畅销奠定基础。

（6）陈列是为了提醒店员销售

联合用药和关联用药，作为药店提高客单价的重要手段，作为药企提高销售的重要手段，作为患者解决病痛的重要手段。我们如何来提醒店员进行联合用药的销售了？关联陈列尤为重要，通过提醒卡或者关联陈列，提醒店员给消费者联合用药。

另外，爆炸贴、海报、POP等都是在提醒店员要注意销售。

（7）陈列可以对抗竞品

客户的货架资源是有限的，多陈列你的产品必然就少陈列你的竞品，自然就对抗了竞争品牌的推广。

良好的产品陈列不仅能够吸引消费者的注意力，增强他们的购买欲望，更重要的是，良好的陈列还能提高店员对产品的重视程度。所以，有经验的业务员会说"陈列等于销量""陈列的效果说明店员对该产品的重视程度"。

第二节　怎么做陈列更有效

1. 常规货架的集中化陈列

集中化陈列指的是在货架上的陈列，大家要把握以下几个要点：

第一，陈列位置。处方药如果陈列在处方药的玻璃柜，最好选择在第一层，一开处方柜门就便于店员拿到，也便于消费者看到这个产品。如果是靠墙的处方柜，最好放在2~3层，原因同上。这里一定要注意，让产品的正面面对消费者，便于消费者看到产品。如果是非处方药，陈列在开放式货架的第一层或者第二层都是可以的。

第二，陈列面。根据产品包装盒的大小来决定，有时也要根据药店的要求。但是不管怎么样，我们的陈列一定要优于竞品。

第三，陈列数量。至少得保持10盒以上，陈列数量越多，产品越好卖，大家发现药店卖药最难卖的是剩1~2盒的时候，因为消费者会认为这个产品之所以进的少是因为产品卖得不好，卖得不好是因为这个产品的疗效不好。

2. 生动化陈列

产品生动化陈列是指通过最佳的陈列地点、陈列位置、陈列形式及活泼醒目、有创意、有冲击力的助销品，吸引消费者的眼球，激发他们的购买欲望，让产品通过陈列的形式就可以提升销售。

在OTC销售终端中，我们也会用空盒做成各种造型来引起消费者对我们产品的兴趣，让消费者愿意主动了解我们的产品，并且成交。

3. 学会使用陈列工具

在终端开展陈列的工作中，我们需要的工具很多，比如空盒、跳跳卡、爆炸贴、海报、手绘POP、地贴、推拉贴等，因为海报需要广告批文，可能不能随意发挥内容，但是爆炸贴和手绘POP可以稍微打一下"擦边球"。在这里我单独提一下爆炸贴和手绘POP的写作技巧：

爆炸贴的内容尽量包含和什么药联合，为什么要联合，这两个方面的内容，和我们前面讲的关联陈列结合起来效果就更佳。

手绘POP在我们终端的陈列中用的很多，但是我经常会问一句话，你的手绘POP能卖货吗？能卖货的手绘POP需要包含以下三种信息：强化症状，让消费者想到消费的场景，联合用药或者产品特点，让消费觉得这个产品必须买，预期疗效，增加消费者购买的信心，具体如图7-1。

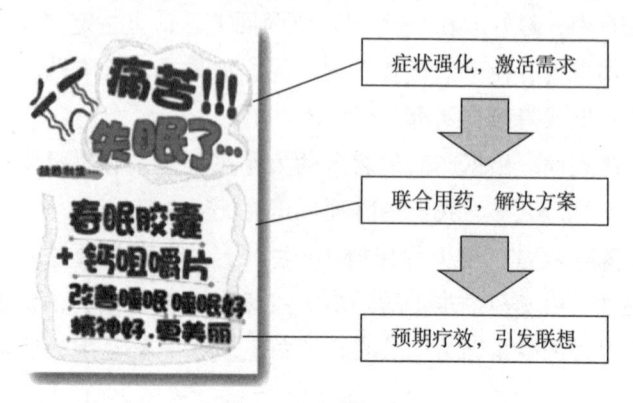

图7-1 手绘POP

在张贴海报的过程中，销售人员万不可求省事，留给客户自己贴，客户是不会认真去贴的，甚至不贴。在张贴海报的过程中，不要直接往别的旧海报上贴，要把破旧的清洁干净后再贴。张贴的时候尽量避免潮湿和阳光直照的地方，海报容易变色。

地贴大家谨慎使用，一般使用后清理起来比较麻烦。推拉贴要把之前旧的处理干净后再张贴，两边要对齐，美观。

陈列等于销量，陈列成就销售之美！

第三节 如何占领好的药店陈列位置

1. 陈列竞赛

陈列竞赛主要是为了快速完成陈列，争取高的铺货率和优于竞品的陈列条件，保持良好的客情关系。在前期要做好市场调研工作，了解区域内门店的情况，然后进行分级，制订陈列竞赛计划、预算和合理的评比细则。

2. 陈列津贴

陈列津贴和陈列竞赛一样，目的都是刺激重点门店和重点门店店员的陈列热情。另外，也可以通过连锁总部来洽谈，获得更多的陈列资源，甚至对竞品开展排他性陈列的措施。

3. 与店员教育、联谊结合

与店员教育、联谊结合以综合利用营销资源，主要是为了提升品牌在店员心中的地位及增进感情，使陈列工作顺畅进行。

4. 重点营销活动

和连锁药店开展重点营销活动，比如案例分享、联合用药、PK 赛、单品突破等活动时，可以对陈列提出要求，也是为了确保活动效果的最大化。

5. 客情关系

能不能在门店顺利开展陈列活动，也和销售人员与门店的客情关系紧密相关。如果关系不好，可能店员和店长是不会允许你随便调整陈列位置的。

6. 药店其他陈列位置及注意事项

橱窗陈列：橱窗陈列的海报尽量两面都有内容，进店前吸引消费者，进店后让消费者能看到促销信息。

收银台陈列：收银台主要陈列冲动型消费产品，季节性商品，价格较低及体积较小且毛利较高的商品，比如风油精、创口贴、矿物质糖果、喉片、棉签等。

端架陈列：端架陈列主要是广告产品、季节性产品、高毛利产品、重点推荐产品、品牌产品等。广告产品和品牌产品对吸引消费者进店有很大的帮助，季节性和高毛利产品对销售的贡献很重要。

堆头花车陈列：这种陈列一定要做好海报和POP的配合，以让消费者了解产品的功效、特色及价格。

7. 药店陈列的原则

药店陈列的前提是一定要按照国家GSP的要求：

①按剂型、用途以及储存要求分类陈列，并设置醒目标志，类别标签字迹清晰、放置准确。

②放置于货架（柜），摆放整齐有序，避免阳光直射。

③处方、非处方分区陈列，并有专用标识。

④处方药不得采用开架自选的方式陈列和销售。

⑤外用药与其他药分开摆放。

⑥拆零销售的药品集中存放于拆零专柜或专区。

⑦第二类精神药品、毒性中药品种和罂粟壳不得陈列。

⑧冷藏品放置在冷藏设备中，按规定对温度进行监测和记录，并保证存放温度符合要求。

⑨中药饮片柜斗谱的书写应当正名正字；装斗前应当复核，防止错斗、串斗；应当定期清斗，防止饮片生虫、发霉、变质；不同批号的饮片装斗前应当清斗并记录。

⑩经营非药品应当设置专区，与药品区域明显隔离，并有醒目标志。

陈列的总原则是：易拿好取能卖。消费者方便拿到产品，店员方便拿取产品介绍或成交，陈列能够帮助店员把产品卖出去。我们做终端陈列不是为了好看，而是为了卖货。

第四节　诊所陈列这么做

终端药房的陈列很重要，同样的道理，产品在诊所的陈列也很重要，但是方法和目标不一样。药房的陈列重在理货，而诊所的产品大多数放在了配药室，摆着是否有气势，能否吸引消费者的注意力，在诊所这里就行不通。在诊所的陈列，我们重在提示医生处方，让我们的产品印在医生的脑海里，抢占客户的心智。具体来说，我们可以做以下一些事情：

①抢占客户的诊疗桌。我们可以给客户赠送含有产品信息的桌贴、鼠标垫、笔，甚至是放产品提示卡、产品彩页等。必要的时候，花一些费用，"租用"桌子的一角来拜访我们的提示物。

②张贴产品的海报。在诊所里或者外面，张贴产品的海报也可以起到产品的宣传作用和提示医生处方。也有一些厂家联合医生开展一些公益活动，在诊所里面拉横幅，也是可以起到提示处方的作用。

③器官图、穴位图、适宜技术宣传图等，都具有提示医生处方的作用。

④医生参加学习的合影或者获得的荣誉。可以把医生参加学习的合影或者获得的容易，摆在诊疗桌或者挂在门诊的墙上，也是提示医生处方的重要方法。

总之，方式方法很多，需要大家细心观察和总结使用。

陈列做完之后，一定要拍照、留念、发朋友圈（传播），目的是告诉我们的潜在客户，我们生动化的陈列是可以提高店面形象的，较多的产品数量也是暗示我们的产品畅销。另外，就是保存这些照片，可以作为我们新客户开发的有利道具。

第五节　陈列的六大奥秘

第一个问题：你做的陈列能卖货吗？陈列一定不是为了好看，而是为了能卖货。

第二个问题：你们产品的爆炸贴都插在哪里？很多人的答案是自己的产品下面，自己的产品下面肯定是没错的，但是效果最大化了吗？

我相信，看完这两个问题，你也陷入沉思了吧。

陈列我们都做了，但是我们做陈列的方法或者注意细节能卖货吗？我们可能不曾思考过，卖货的陈列该怎么操作。

1. 价格带陈列

我们用一个生活的案例来导入，如果有一天你到沃尔玛去买牙膏，依次有三个价格带的牙膏摆在一起，8元、18元、38元，促销小姐一直给你介绍38元的牙膏如何好，你最后买了多少钱的？对，你可能买了8元、18元。说明了什么？说明我们是否买一个产品会受到周边产品价格的影响。如果你觉得我打的比方不对，你再回忆一下去药店买药，看不看店员推荐产品的周边产品的价格，大多数人还是会看的。

所以，不要觉得你的产品摆在了一个好的位置，有一个好的陈列面，你的陈列就做得非常好了。你要留意产品被什么样的价格带包围了，如果你的产品卖48元，结果你产品的周边都是18元、28元的药，就算店员想卖，消费者也有可能选择便宜的，要是旁边是个知名品牌价格还便宜，店员推你的药实际有可能在帮忙推别人的。检查一下你的产品价格带，让你的产品和比你更贵的产品混在一起，有可能还可以捡个便宜。

2. 关联陈列

按照这个方法去陈列，你的产品销量至少提升 20%。什么是关联陈列？就是把我们产品的爆炸贴，贴到可以关联的产品下面，用别人产品的流量来带动我们产品的销量。

为什么这个方法有效？因为我们的店员在销售的过程中，经常出现以下问题：想不起来联合用药，想起来了但不知道跟什么药联合，好不容易知道了跟什么药联合，又不知道怎么跟消费者讲？我们利用关联陈列，插上一张写了联合药品和关联话术的爆炸贴，那么以上三个问题就一次全部解决了。

那么在选择关联产品的时候要注意，我们就是要用别的产品的流量来卖我们的产品，所以选择的关联产品要有流量。我们要么选择药店里面本身首推的产品，要么选择广告或者临床产品，为什么？因为他们本身有流量，首推产品被店员推荐的次数多，我们也跟着被推荐的次数多。广告和临床产品被消费者找的多，我们跟在后面自然也被店员推荐的多。

3. 随季变化

产品陈列的位置，一定不是一年四季不变的，一定要随着季节的变化而变化。在本身应该陈列我们产品的位置要有我们产品的陈列，到了季节，我们还要在别的位置突出我们的产品，比如端头和花车。在医药销售中，最典型的就是金银花露和阿胶，一到这两个产品的销售旺季，产品的堆头陈列就出来了。

另外，要随着促销活动的变化而变化，我们产品做促销活动的时候，自然要陈列在多个位置，陈列的数量要多一些。

4. 傍品牌

在陈列的时候，考虑到价格带情况，我们要和大牌产品陈列在一起。消费者会觉得品牌药旁边陈列的也是品牌药。从店员的角度来说，品牌药被点购的概率高，那么我们的产品出现在店员眼里的概率就高，店员的注意力在哪里，销量就在哪里，这么做很重要的一点也是为了加深我们的产品在店员心中的印象。

5. 多位陈列

这里谈到的多位陈列其实和第三点的"随季变化"有点接近，意思是在药店里可以在多个位置出现我们的产品陈列。比如你卖风油精的，除了在皮肤外用药的地方应该陈列外，收银台也是我们重点陈列的地方。比如有些小伙伴，自己的产品除了在自己的品类陈列里有之外，还展示在处方的玻璃柜上面。

6. 遥相呼应

这主要是写给大厂家看的，他们喜欢在药店做一些"异形陈列"，比如说用陈列展示盒做成人形、飞机、大炮等，但是通常他们的异形陈列离产品的实物太远，这样会造成什么样的不好现象了？消费者被这个异形陈列吸引后，想进一步了解这个产品的时候，没有办法第一时间找到产品或者与产品相关的进一步资料，从而失去兴趣。

我们的异形陈列尽量离我们的产品近一些，可以用手绘 POP 做进一步的引导，引导感兴趣的消费者对我们的产品做进一步了解。

案例一：广告产品或者品牌产品陈列有多重要

我在一次跑门店的过程中，碰到了某外企的业务员，负责广告产品 MDL，我说为什么你们一定要把产品放到显眼的位置上？他说来买我们产品的消费者绝大多数是看了广告或者在医院被处方过 MDL 的，如果我们不把陈列放到最优的位置，消费者一进门看不到我们的产品，不能直接形成购买，店员就会问你找什么产品？消费者说 MDL。店员说不就是多潘立酮吗？这里有，可能被店员拦截。

药店把我们的品牌产品作为吸客留客的利器，陈列的位置也改变了不少,但是我们的广告产品和临床产品仍旧要注意好陈列,对于广告产品和临床产品来说,你们最大的竞争对手,就是你们自己,做好自己的工作,减少店员对你们产品的拦截,也许你的销量就已经够好了。

案例二:价格带陈列往往被忽视

我之前跑一个治胃病的产品 SQJW,当时有个药店做进去后 1 个月,居然一盒都没卖动,按照大家常用的陈列方法,放在最佳的位置上。店员张姐看我也挺不容易的,加上我虚心请教是怎么回事,张姐说:"小鄢,你放到第二层去,你的产品就卖动了。"我问为什么?她说:"你先做,等有销量了我告诉你。"

果然有了销量,我向张姐请教其中的奥秘,张姐说:"原因很简单,你开始只知道说放到第一层,多放几个陈列面,多放几盒,这些基本的陈列法则,但是你忘了一点,就是价格带的问题。放在第一层的时候,旁边都是广告产品、流通产品,你的卖 38 元,但是旁边的产品都是 18 元、28 元的,有时候我们给客户介绍了你的产品有多好,但是,客户一看旁边听说过的品牌比你的便宜,直接就买了旁边的产品。"

所以,大家做陈列的时候,一定要注意价格带。

第六节　陈列的日常维护

①保持陈列的整洁干净。在拜访的过程中,如果发现产品有灰尘、凌乱要及时处理。

②保持陈列的稳固。空盒陈列的稳定性要强,不能歪歪倒倒影响美观。产品在货架上的陈列也要注意,店员在售卖的过程中,产品是否会掉下来也需要考虑。

③注意不要断货,防止竞争品乘虚而入。如果陈列数量不够的时候,要及时要求店长补货,以免因为数量不足,让竞品抢占更多的陈列位置。

④随时处理损坏的药盒陈列及 POP 广告、指示牌、污损或有效期将近

的药品等。这样做的目的是时刻保持产品的良好形象。

⑤注意店员对于本产品陈列的疏忽并给予调整。比如店员在调整陈列的过程中，导致的产品与价签不符、爆炸贴与产品不符、产品被其他产品遮挡等。

⑥其他维护工作。比如产品的海报离产品比较远，产品是否陈列的位置偏高或者偏低等问题要及时调整。

第八章

终端培训：让店员明明白白地推

终端培训是指将产品的相关信息传递给药店店员或者基层诊所的医生，使店员和医生熟悉我们的产品，便于在日常销售中推荐和在临床实践中正确处方产品。

药品是特殊的商品，具有一定的功效、作用和适用范围或者功能主治，在用法用量和注意事项、禁忌证等方面也有明确的规定。这就要求店员和医生要熟悉并掌握这些产品知识，从而解答消费者的疑虑及合理处方产品。

对终端店员和医生的培训在 OTC 终端销售中举足轻重。

第一节　销售人员对终端培训的误区

1. 店员对产品都知道，不需要培训，比我们懂

很多医药销售人员都会有这个想法，尤其是刚做零售代表，由于自己不是学医学药出身，更容易有这种想法。其实，事实并不是如此。很多店员并不是科班出身，卖错药、错卖药的情况比比皆是。对于药店产品的整体上店员可能比我们熟知，但是针对我们具体的产品，我们一定要比店员懂，一定要比他们了解得更多，加强对专业知识的学习。

2. 终端培训归公司搞，不归业务员

这种想法是错误的。因为依靠公司，公司的老师资源总是有限，而我们的培训需求又非常大，这种不匹配一定会影响产品的动销。终端培训应该是我们终端销售人员日常工作的一个重要部分。经常做终端培训的销售人员一定和我有一样的感触：终端培训是提高产品销量和提升客情最有效、最省钱的手段。

终端客户了解我们的产品，便于店员推荐和医生处方我们的产品。擅于做终端培训也体现出销售人员与其他厂家销售人员的不同，以加深客情。

3. 终端培训没有用，培训完了产品销量还是提升不多

不是终端培训没有用，是终端培训完了之后，我们有没有去跟踪培训的效果。店员和医生在实际销售和处方中，有没有运用到我们的培训知识。不是培训没有用，是我们的店员和医生有没有用我们的培训知识。

4. 医生比我们专业，没有必要培训医生

我们 OTC 销售中所提到的医生，更多的是指我们的基层卫生室和社区诊所的医生。先不说基层的医生，就是大三甲医院的医生也经常要开科室会和参加学术论坛，并且做院内销售的人把科室会和学术会等对医生进行培训的会议作为营销的重要手段，基层医生更需要培训。

我在和基层医生交流的过程中，听基层医生说需要培训。就看病而言，你的销售人员肯定不比我懂，但是对于你的产品知识，销售人员一定比我懂。

第二节 终端培训的作用

1. 对于药企而言，可以提高公司品牌知名度

如果你不是知名药企，可以通过对终端客户的培训来提高企业的知名度；可以让店员或者医生掌握相关产品知识，在终端销售或者临床处方中有信心，提高产品的销量，也让更多的消费者通过使用我们的产品了解我们的药企，提高企业的知名度。

可以对抗竞争品牌的推广，如果我们做了终端培训，而我们的竞争对手没有做，那么我们更容易抢占终端客户的心智，让我们的产品成为他们的第一推荐或者一线用药。终端培训是最考验业务员的工作内容，对于企业来说，也是一件功在当代、利在千秋的事情。不管店员怎么流动，培训好了走到哪里都会卖我们的产品，哪怕她不做店员了，培训到位了，也是我们的忠实消费者。

2. 对于药店而言，店员培训是提高药店竞争力的重要手段

药店所有的问题，不管是客流量还是客单价的问题，归根结底是专业性的问题，而通过培训来提高店员的专业性是最重要的途径。当下店员存在年龄层次偏低、专业层度不够、经验不足、店员流动性大等问题，店员培训不管对于药店还是药企来说，都显得非常重要。

3. 对于诊所而言，也可以通过培训提高医生的医技水平

本身基层诊所的大夫相对于等级医院的大夫来说，交流和学习的机会

少一些，所以我们厂家组织的各种学习和交流机会对于提升医生水平来说就非常重要了。

4. 对于消费者而言，用药更加安全

我们通过对店员和医生的教育，让他们推荐产品和处方产品更合理，让老百姓用药更加安全。

第三节　产品培训前的知识储备和技能储备

要做好店员培训，首先销售人员要掌握必要的产品知识，这是根本。其次要掌握培训技能，培训技能让我们更好地把产品知识传递给店员，或者说用他们更能接受的形式或者氛围来学习，这样使培训的效果更好。

1. 知识储备

①产品基本知识：熟背功能主治，熟记成分、用法用量，注意事项，禁忌证，不良反应等。

②疾病知识：从中西医角度解读产品的功能主治或者适应证。

③产品知识和疾病知识的结合。

以上三点因为在本书的开发部分已经做了详细的描述，所以这里不再赘述。

④流行病学的数据，用流行病学的数据说明这类疾病的患者多，患者多就意味着市场容量大，产品销售的可提升空间大。

⑤店员推荐技巧，店员在销售实战中如何推荐我们的产品，如何和消费者沟通，让消费者愿意购买我们的产品。推荐技巧比如告知店员，消费者主述什么病症的人可以推荐我们的产品；消费者来主动购买哪些

产品的时候可以和我们的产品联合用药；和消费者沟通中，消费者不要，我们的店员该如何处理，这都是我们要告知店员的。你会发现，你的培训现场氛围很好，大家很开心，可就是货卖不动，问题就是出在了这里。

⑥典型销售案例：我们可以在培训中加入典型销售案例，比如店员的晒单小票、店员写的销售案例分享或者心得等，这样培训起来会让店员更容易接受，熟悉的场景和话术，让店员更容易产生共鸣，培训效果更好，店员记忆更深刻。

2. 技能储备

①氛围调动：我们需要掌握必要的调动氛围的技巧，比如一些培训小游戏、一些段子、一些俚语等，也可以掌握一些技能，比如手诊、面诊、耳诊、舌诊等，以引起大家听课的兴趣。

②PPT技巧：美轮美奂的PPT自然不用多说，会引起店员的听课兴趣，再加上一些图片、视频的辅助就更好了，从视觉、听觉上下功夫。

③语速语调：语速语调也是吸引店员注意力的重要手段。

关于培训的技能很多，大家不必慌，也没有必要非去接受专门的培训，大家可以听名人的演讲语音和视频来感受这种技能，在以后培训中活用即可。

在销售终端给店员培训的形式很多，大概分为两大类：线下培训和线上培训。线下培训主要是面对面的交流培训，也是传统的培训形式。线上培训主要是借用互联网的平台，包括微信群、小程序和直播平台等。

第四节　线下培训——一对一店员培训

一对一店员培训指的是销售人员在终端的拜访中，对客户展开的一对一的产品培训。说是培训，也可以说是产品的一种交流，通常沟通的方式没有像培训那么正式。

1. 适用情景

OTC 代表日常拜访碰到店员有闲暇时间。

店里来了新店员。在拜访的过程中，我们发现有新入职的店员，那么她可能对我们的产品不了解，自然不会主动推荐。

个别店员对产品有疑虑。在拜访过程中，店员提到产品卖了但回头客少，或者说推荐了消费者不接受等问题，这时候也是我们切入产品培训的重要时机。

产品销售不好的时候。产品销售不好做培训是必然，让店员对产品熟悉，教授店员推荐技巧，让店员熟知产品的政策都是通过培训为增加产品的销量服务。

2. 操作技巧

一对一的店员培训的操作技巧的核心是：润物细无声。没有人喜欢被培训或者被教育，用店员比较容易接受的形式或者悄无声息地传递产品知识是关键。

具体的我们用一个情景呈现出来：

销售代表："张姐，我们的××胶囊卖的怎么样？"（明知故问，卖得不好才问）

药店张姐："卖得不好，我们一直卖着。"

销售代表："你说，这还真奇怪，离你这个店两站地的同济堂××店，上个月这个产品销售了 52 盒。"

药店张姐："那个店位置好，老年人都有退休金，消费能力强，我们这里住的都是穷人，不行。"（可能会找其他理由）

销售代表："确实也有这方面的原因。（顺着客户的意思走，避免有抵触情绪），我上次在他们门店待了半天，我发现他们店的马姐是这么卖我们这个产品的，张姐你帮我看看，她这样卖，有没有道理？（请教的心态更容易让人愿意接受）凡是来药店说××病症的消费者，她都推荐我们的这个产品，凡是来药店买麝香壮骨膏的消费者，她都建议消费者带上我们这个口服药，如果消费者不要，她就说中西医结合，口服加外用，起效更快，效果更突出……张姐，你觉得马姐这么卖有问题吗？"

药店张姐："没问题，挺好的。"

销售代表："张姐，你以后也可以尝试着用马姐的这种方法销售，看效果好不好。"

第五节　线下培训——贴柜培训

贴柜培训，就是以门店为单位，把店员召集在柜台边集中培训。

很多连锁药店不愿意组织店员集中化学习，一方面集中学习会牺牲一定的销售额；另一方面店员路途折腾也会有一些抱怨的情绪，很多连锁店鼓励厂家的销售人员直接在门店不影响工作的情况下开展培训，这样对于药企，药店和店员来说，都是比较好的形式。销售人员在拜访中完成这一工作，又没有增加太大的负担。

1. 适用情景

①新品刚到门店，店员对产品不熟。
②产品到店有一段时间了，但是销售不理想。

2. 操作核心技巧

（1）提前约好时间，给大家一些期望

贴柜培训我们一般是利用交接班的时候，或者分班次进行培训，为了让大家培训的时候都在岗，我们需要在培训前跟药店老板或者店长确定好时间，约时间最好是提前1~2天，提前太多，店员容易忘记。

给大家一些期待，比如从内容上说我们不仅培训产品，还培训通用类的技巧。其他方面，比如到时候会送给大家一个什么样的礼物，用礼品吸引人。

(2) 简单的物料准备

因为贴柜培训相对于我们之前讲到的一对一培训来说稍微正式一些，所以必要的物料准备还是要有的，比如产品单页、易拉宝、培训资料等，甚至包括销售人员的着装。

(3) 一次不要超过3个产品

很多销售人员会说，好不容易逮到机会了，要把公司的30个产品都讲一个遍没有必要。这样讲反而没有了重点，影响培训效果。培训不在于我们讲了多少个产品，而在于我们的店员记住了多少产品的销售方法，最后运用了多少方法。

(4) 带一些小礼品和小奖品

小礼品是随手礼，参加培训的每个人都有，借此提升客情关系。奖品主要用来奖励在培训中集中互动、参与回答问题的学员，也可以借机送给我们的重点目标店员，作为客情建设的礼品。

(5) 不要只讲产品

我们可以由品类销售讲到我们具体的产品，或者由简单的产品销售上升到整个门店的销售技巧，这样培训更有价值，店员也更爱听。

(6) 贴柜培训提问技巧

在传统的贴柜培训中，我们提问集中在产品的卖点、产品的推荐技巧、产品的联合用药等方面，但是如果能够加上这个问题，感觉效果会更好：**我们今天培训的××胶囊陈列在哪里？**讲了半天，店员都不知道产品陈列在哪里，想销售也很难。如果陈列位置不好，还可以借机调整我们产品的陈列位置。

第六节　线下培训——集中化培训

集中化培训，是指将店员集中起来进行产品知识的培训。它包括店员培训会，新品进场的培训会，各种营销活动比如单品突破、PK赛等营销活动中穿插的产品知识培训。

1. 适用情景

①店员培训会，专门集中店员进行产品知识的培训。

②战略合作新品启动会，比如新品启动会、单品突破、PK赛等营销活动中穿插的产品知识培训，要想我们的营销活动效果最大化，不仅要解决店员"愿意卖"的问题，更要解决店员"会卖"的问题。

③店员联谊会，组织店员联谊活动中穿插的产品知识培训，比如在活动的大巴车上等，但是培训的形式要有趣味性、参与性强。

④员工内购会、专题讲座等。在连锁药店内部组织的内购会和专题讲座中安排集中化的店员培训。

2. 集中化培训的操作要点

①店员培训会的时间和出场顺序的选择。如果不是你的专场培训会或者营销启动会，一般的店员培训会连锁药店会安排三个厂家参与，我们尽量选择第一个或者第二个出场，尽量避免第三个出场。第一个出场可以在培训正式开始前播放一些企业的宣传片或者产品广告，店员刚到达培训现场，还没有听课疲劳。第二个出场一般店员到的比较齐，尽量不要第三个出场：一是如果前面几个老师讲得不好，店员基本没有耐心；二是店员准备回家了，没心思听课。

②会场的布置。集中化培训是线下培训中最正式的一种，所以培训现场的氛围营造很重要，所以必要的横幅、易拉宝、海报、异形陈列最好都有。

③介绍企业和讲师的时间不要过长。一般店员培训会的时间都有限，所以不要把大量时间放在展示企业实力方面或者讲师介绍。严格来说，这些和店员能否卖货没有必然关系。

④产品培训中一定要讲产品的卖点，这是和店员卖货最直接相关的内容。

⑤培训中可以用一些小游戏比如击鼓传花，也可以用舌诊、手诊等调动培训现场氛围。

⑥店员培训会后的跟踪很重要，也是检查培训效果如何最有效的方式。我们可以去门店，借助给培训老师打分的名义唤起店员对产品知识的记忆，再次强化培训内容，也可以借助给没有参加培训的店员送礼物的机会，再次对产品知识进行简单的培训。

第七节　线上培训的四种形式

利用互联网平台对店员进行产品知识的培训。虽然利用网络平台打破了培训的时间和空间的限制，减少了费用支出，但是店员的学习状况不好评估，培训的效果没有保证。所以，线上培训的设计一方面是内容；另一方面是参与性，让店员愿意参加学习，主动学习，是我们设计线上课程需要考虑的问题。

线上培训的形式：

①微信群培训，我不建议用这种形式。2015年左右这种方式很火，店员的参与度比较高，但是在当下作用不大，因为微信的另一端店员有没有听很难评估，还不如用钉钉群培训，至少在线时长还是有数据的。

②问卷调查，线上答题。把产品知识弄成简单的判断题或者选择题，通过线上平台让店员答题给礼品。在2020年新冠肺炎疫情期间，我公司组织的"听课答题领红包"的活动就受到了好评。

③答题小程序，部分药企和销售团队，开发店员产品知识培训的小程序，将产品知识的相关习题导入小程序的后台，只要店员在小程序上答题，分数达 80 分以上就可以摇红包，金额不等，每天都有一次机会。

④培训 App 或者直播平台，通过网络直播或者录播的形式对店员培训，或者将录播视频交给连锁，连锁的培训部组织在线学习等。

通过直播培训的时候要注意网络的稳定性，一般采用有线网直播，避免网络问题导致直播中断。要注意互动，多提问，提前准备好礼品，奖励的礼品通过快递或者当地业务员送到手上，店员的积极性调动了，才能增加听课的效果。

在录播培训中，除了可以录播视频，也可以制作一些 2~3 分钟的动画片来讲解产品，形式新颖，店员也喜欢看。

第八节　店员培训操作要点

①深厚的产品知识功底，你要了解产品和课件内容。产品知识的积累是一个长久的过程，所以平日要做好积累，"背、考、讲"是快速掌握产品知识的必要手段，先背产品知识，再考试，最后讲出来，讲 PPT 就是对产品知识的巩固。

如果刚开始记不住产品知识的内容，可以带文字材料宣讲，但是最终还是要自己能够脱稿讲产品。

②平时注意收集产品销售好的经验和案例。用店员熟悉的场景和熟悉的话术来对他们进行培训，无疑是最好的方式。平日我们要多收集店卖药的经验和案例，在店员培训中呈现出来。

③不要照本宣科，通俗易懂，语言要幽默。不管是讲 PPT，还是讲文字版内容对店员进行培训，都不要照着念，一定要多讲 PPT 上没有的内容，但是不能跑题太多，能够完全脱稿讲产品知识，这样才有吸引力。

④多讲产品的优势，少讲产品的组方/作用机理。很多厂家喜欢一上来就讲"君臣佐使"，要是这个产品是个大组方，基本上培训时间都花

在这上面了，而店员根本记不住，就算记住了也不会听他们讲，所以很多店员跟我聊，组方可以讲，但是要讲得有特点。比如我讲五松肿痛酊的产品，我就说一句话"人无我有，人有我无"，解释起来就是人家没有广西壮族的药材，我有。同类产品有毒性药材，我没有。一下子就把产品组方特点讲清楚，然后再发挥，这样的组方对消费者治病来说有什么好处。

⑤讲营业员听得懂的话。一定不要把我们的店员当医学博士看，讲复杂的医学理论和药理作用，因为他们根本就听不懂，你讲得再专业没有用，我们要把复杂的医学理论用店员听得懂的话讲出来。

⑥一次不要超过三个产品。不要讲太多，讲多了店员反而记不住，一个产品讲精、讲透就够了。

⑦最后一定要解决"营业员怎么卖这个药"的总结内容。不讲怎么卖，培训的氛围再好也没有用。

⑧不要拖堂。店员回家都有事，拖堂反而招来反感，所以培训一定要把握好进度。

⑨多形式，多层次，多频率的培训。多形式是线上线下的配合，多层次，包括内容的深浅层次和培训目标人员层次，比如店员、店长、药师等，多频率是说，不要觉得一个店一年搞一次就够了，现在店员流失率高，再说讲一次别人也不一定就记住了，只要有机会，就要做培训。

⑩培训后的跟踪。培训效果好不好，培训后的跟踪是否到位，前面已经讲了很多，这里就不重复！

⑪不管什么样的培训，有药店的领导在场，肯定会让培训的效果提升一个档次，可以要求领导做一个开场，在门店的贴柜培训，可以让店长做一个开场，对培训提一些要求。

第九节　终端诊所医生的培训

医生培训的必要性：医生是一个终身学习的职业，连等级医院的医学博士们都要进修，开科室会，参加学术会，更何况基层医生。

医生培训重在形式：让客户容易接受的方式比内容有多好更重要。医生相对来说比较专业，如果销售人员或者培训人员以"教育"的姿态去培训，医生从心理上是很难接受，甚至是反感的，最后可能起到相反的作用。

给医生培训的常见形式：

- 会议形式：学术会、圆桌会。在利用开学术会和圆桌会的时候，让公司的学术老师进行产品知识的培训。
- 工具形式：处方集。可以做我们产品的《名医名方汇编》或者处方集等，发给医生资料，作为培训的手段。
- 提示形式：桌贴、海报等。将产品的核心知识印在桌贴、海报、鼠标垫、产品海报等上面。
- 润物细无声。在医生提出一些疑问的时候，我们借机进行产品知识的培训。

总结起来，不管你是做药店渠道面对店员还是做诊所渠道面对医生，只要做的是药品，学术推广是绕不开的路，对终端的产品培训也是产品上量的必要手段。

第十节　如何保障培训的效果

1. 一定要跟营销挂钩，不能为了培训而培训

很多时候，销售人员给店员做培训是公司 KPI 考核要做，连锁药店要求做等原因，为了完成培训任务而去做，最后效果一定不好。我们的培训要跟营销活动挂钩，比如这次我们要做给店员做加提，要给店员下任务，要做 PK 赛，所以我们来做培训，店员参与的积极性就不一样，效果也不一样。

2. 要多讲产品的卖法

产品的卖点特色可以讲，要多讲产品怎么卖给消费者，多讲一句话销售。"症、病、药、效、嘱"这个五个方面要讲清楚，通过消费者描述的症状，店员判断出来是什么样的病，用哪些药来治疗，预期的效果是怎么样的，嘱咐消费者在用药期间的注意事项。

3. 氛围要好

店员愿意参与培训，愿意认真听讲，培训效果才会好。那么我们的培训师需要有调动现场氛围的能力。

4. 培训后要跟踪

不能培训完了都不管了。

5. 频率和场次要够

我们要加大培训的场次和频率，只要不花钱，不管线上线下的培训我们都要做。

6. 培训的底层逻辑要对

我们不仅仅是让店员了解，更要让店员认同。让店员认同的方式就是让他用或者他的亲朋好友用，并且效果好。培训现场可以给一些试用装，但是要告知正确的使用场景和使用方法。要不然用了效果不好，反而会起反作用。

第九章

♻

终端客情建设：客情=销量

什么是客情？简言之，就是我们和客户之间的感情。在 OTC 终端销售中，客户的范围比较广，对我们的产品销售有影响或者可以提供积极帮助的人都是我们的客户。比如在药店销售中，药店的老板、高管、店长、店员都应该是我们的客户；诊所中，医生、护士都是我们的客户。

客情来于销售，服务于销售。只有我们跟客户产生销售关系，我们才能跟客户建立客情关系，如果建立的客情关系不能为销售服务，提高产品销量，那么我们做的是假客情。不要说和客户关系很好就是不卖货，不卖货就是客情关系不好。

第一节　正确认识客情关系

你和客户之间究竟是客情还是交情抑或自作多情？是一见钟情还是日久生情？是无情还是绝情？

做代理的时候，有个业务员让我把我家楼下附近的某药店给他做，他跟药店老板关系很好。既然这样，我就给他了。三个月后，业务员跟我哭诉，说那个店到现在还没有结款，然后货也卖得很差，几乎没有动。

我去了之后，就和药店老板聊起来了。我说业务员说和你的关系很好，为什么货就卖不了？

老板说了一番话，让我深思了："什么关系好？别以为到店里喊声姐我答应就是关系好，别以为到店里来给你倒杯水就是关系好，所有的业务员来我这里都是这样对待的，可能你们在别的药店没有好脸色看，我给了好脸色你就觉得关系好。是你理解错了，那是我会做人。你所谓的关系好，只是你一厢情愿罢了。"

1. 客情不仅仅是熟悉，更是信任

客情的维护与交朋友是一样的，是时间不断积累、认识不断积累、信誉不断积累的过程。熟悉不是客情，彼此信任才是客情。

2. 有利可图是维护客情的基础

能帮客户赚钱，或者对客户来说你有价值，比如你能够帮助药店或者诊所搞定医保、消防、营销等事情，这是维护客情的基础。

真正的客情是终端真心愿意接受你的产品，愿意用心经营产品，愿意主动回款，或者愿意现款合作。

3. 差异化服务是维护客情的关键

别的业务员能做事情你少多，多做别的业务员忽略的事情、想不到的事情、不能做的事情、做不到的事情。只有与众不同，才能脱颖而出，不是让我们去做标新立异的事情，而是去做更懂人心的事情。

4. 专业的支持和建议

专业的支持和建议是维护客情的核心，为终端提供销售支持，提供经营相关指导，提供相关问题的专业化建议与解决方法。做业务不能只考虑

我们自己，也要考虑客户的经营。

5. 联谊活动

联谊活动是维护客情的纽带。定期的座谈会、联谊会、节日庆祝、产品推广会、学习分享会、订货会、新品铺货动员会、酒局、饭局，自然也是不可少的……

第二节　你跟客户是客情还是交情

1. 你的货在店里卖得不好就是关系不好

从意愿度方面讲，如果他是你的亲戚，能不好好卖你的货吗？也有可能是你没有教他卖，那么他不会卖，为什么不着急，为什么不找你探讨卖的方法，你为什么又不主动沟通，说到底还是关系不好。

我当业务员的时候，领导检查我们和终端的关系好不好，就一招：神秘人买药，领导假装去药店买药，故意说出适合用我们产品的症状，看店员几次推荐我们的产品，如果第一次就推荐客情100分，第二次推荐80分，第三次推荐60分，如果第三次还不推荐我们的产品，客情关系就是零分。现在想来，这种做法真不失是一种好方法。

2. 推荐新品，他不废话

如果说没法进你的新产品，因为同类产品太多了，因为你的价格太贵了，因为最近没钱，因为你的药在这里卖不动，因为你的药名气太小了……总之，一大堆理由，这就是关系不好，关系好的直接就引进了。

3. 是否给你介绍新客户

我觉得这是检验客情关系最有效的一招。给你推荐客户，说明客户已经认同你了。我们经常就"要求"客户给我们介绍新客户，就是要把"某总/大夫，你能给我介绍几个新客户吗"这句话挂在嘴边，这样开发起来很容易，为什么？一是因为没有哪个药店老板、连锁采购和诊所大夫是孤立存在的，他们都有自己的圈子；二是因为有某个熟知或者信任的第三方做推荐，更容易信任你。

很多人觉得客情关系好，是因为他觉得我对你好，我给你送礼物了，我请你吃饭，我们一起出去春游过……对不起，这样建立起来的客情好不到哪里去，最多只是"拿别人的手短，吃别人的嘴软"罢了，人家根本就没有打心底地佩服你、认同你，只是面子上过得去，其余的都是你一厢情愿。

不要把"交情"和"客情"混为一谈，你对他物质方面的好，你的礼貌、你的卑微屈膝、你的殷勤顶多算"交情"，交情对提高销售有用，但是作用有限。真正的客情来源于尊重、互助、交流、交心。

第三节 评估客情的三个指标

客情关系究竟好不好，我们也可以用比较系统和专业的方法来评估。以下两种评估客情关系的方式不是为了让我们觉得和客户的关系不好，更多的是让我们从哪些维度或者方面来加深我们和客户之间的客情关系。

1. 评估客情关系的三个指标

表 9-1　评估客情关系的三个指标

个人关系密切度	生意关系密切度	信息工作反馈度
客户档案 双向熟悉 掌握行踪 了解家庭 ……	每周拜访 产品首推 陈列信息 产品销量 合作黏性 ……	客户自身经营信息 产品的库存、流向信息 竞品的销售信息 产品的动销建议 ……

①个人关系密切度

在个人关系层面，我们对客户有多了解。比如客户档案的一些基本信息、电话号码、微信等联系方式，还有客户的年龄、生日等。

双向熟悉，不仅是你认识客户，也包括客户是否认识你，是否知道你的全名。

掌握客户的行踪，指的是客户在工作之余一般去哪些地方等。

了解客户的家庭情况，比如是否结婚，是否有小孩，几岁，在哪里上学，妻子或者丈夫是做什么工作，是不是本地人，房子是租的还是买的，等等。

了解得越详细，未来我们在做客情的过程中就越顺利。比如你知道客户的孩子在上小学，开学的时候就可以送书包；你知道客户的孩子每天吃一个水煮蛋，你就可以送土鸡蛋。这里我们可以借用"麦凯66"这个工具来检测我们对客户的了解程度。

客户信息：姓名、昵称、职务、生日（阴阳）、微信、电话、身高、体重、五官特征、籍贯、现居住地。

教育背景：最高学历、专业、参加过什么社团、得奖情况、擅长的运动、是否服兵役。

家庭背景：婚姻状况、配偶姓名及工作、配偶的兴趣爱好、子女的情况，教育程度。

业务背景：之前的工作经历，目前和公司有没有熟人，关系怎么样，怎么看待我们公司、长期和短期的事业目标是什么，客户目前最关注的是个人前途还是公司前途。

特殊爱好：政治面貌，是否热衷社会活动，客户对什么话题特别关注，感兴趣。

生活方式：身体健康状况、饮酒习惯（酒类和量）、吸烟情况、偏爱的菜式、是否反对请客，娱乐方式、度假方式、喜欢读什么书、喜欢什么话题、最有成就的事情是什么，你如何形容客户？

客户与你：客户与你合作时最担心的是什么？在客户眼中最关键的问题是什么？你是否需要改变你的习惯来给客户做推销？客户是否在意别人的意见，客户内部是否有矛盾，你如何帮忙化解？你的竞争对手对于以上问题有没有比你更好的答案？

你对客户越了解，客情关系越好做。

②**生意关系密切度**

比如拜访的频率，我们是否会经常跟客户见面，产品是否被客户首推，客户是否给较好的陈列位置，产品的销量是否是同类中比较突出的，我们和客户的合作黏性是否很强。黏性指的是我们和客户的互动是否畅通，比如高层的互动、活动的开展、邀请参加某些会议等，基层的比如在门店开展促销活动、邀请门店店员或者诊所医生参加采摘活动、农家乐活动等。

③**信息工作反馈度**

通过合作，客户能否给我们透露信息来判断我们和客户之间的客情程度。比如客户是否会给你透露公司的经营情况。

我在实战中就遇到过这种情况，产品通过商业供给某连锁药店销量很好，我就想直供获取更大利润，可是采购提醒我不可这么操作，因为他们公司结款信誉很差，这就体现出客情关系。

公司要补充哪一类新品，客户主动告知你。产品的库存信息和流向信息，愿意给你提供这些信息，帮助分析产品的销售情况。竞品的销售情况，包括销量、政策、最近要做什么活动等，给你提供应对方案。

产品的动销建议，就是给你出主意。但是一定要认真识别，有些销售人员只做连锁总部的维护工作，所以产品销售不好，就问总部采购运营怎么办，这种建议一定要慎重。有些是要认真听取的，比如曾经有采购跟我讲，他们公司是不允许厂家给店员现金，可以从来没有说不准给店员带礼物，真是醍醐灌顶。

以上我只是从这个维度简单做了解读,大家可以从这三个维度结合自己的工作,做进一步的思考。

2. 客情关系等级评估表

你和客户的关系究竟处在哪一级,大家可以做个测试,对照一下自己还需努力的方向,如表9-2所示。

表9-2 客情关系等级评估表

等级	表现	评级依据
1级	1. 客户不知道我们的产品在终端有售 2. 客户不知道我们销售什么产品 3. 客户不知道我们是做销售的	占其中1条
2级	1. 客户知道终端有这个产品在销售 2. 客户知道我们是做什么产品的 3. 客户知道你叫什么名字 4. 能听我们讲解产品的卖点 5. 愿意友好地同我们交流 6. 对待产品的态度是不拦截也不首推	占其中3条
3级	1. 客户愿意参加我们的联谊活动 2. 客户积极配合我们的营销活动 3. 客户愿意主动推荐我们的产品 4. 客户能准确地说出产品的卖点 5. 客户愿意让我们帮忙与工作无关的事情	占其中3条
4级	1. 愿意做我们的产品代言人 2. 能够答应我们的要求而拒绝别人 3. 能够提供竞品的相关信息 4. 愿意让我们和他的家人或者朋友有所接触 5. 能够外出时给我们带礼品 6. 愿意和我们分享个人隐私	占其中2条
5级	1. 能够为我们或者我们的产品讲话 2. 主动给我们介绍新客户 3. 为产品的动销主动提供帮助	占其中1条

第四节　如何让客户记住你

客情建设的目的是让客户记住你、了解你、认同你。怎么达到这个目的？客情建设中，做好这四件事，让你事半功倍。

1. 客户没有见过的事

做客户没有见过的事，肯定是可以让客户印象深刻。比如别的厂家业务员都是给药店店员买吃的喝的，你给爱学习的店员送书。你发现诊所的大夫对某个技术感兴趣，就可以送一些和这个技术相关的书籍。

2. 客户经常能看到你做这件事

经常做一件事，可以给客户留下深刻印象。比如我在和某连锁合作的过程中，只要药店搞活动，洗洁精都由我来送，时间久了，所有门店搞活动的时候，都知道洗洁精是我送的，我是哪个厂家的卖什么产品，他们就多推荐我的产品，毕竟我支持他们的工作，他们就支持我的工作。

3. 做一件感动客户的事

这句话很多朋友会觉得好说不好做，其实没有那么难，只需要我们做好生活中的一些小事。真正维护客情关系的手段，是日积月累地处理与客户之间的大事小情。

有一次我走访代理商的市场，连锁药店老板跟我说，只有我的代理商跟他合作是现款。我问客户原因，他跟我讲了一个故事：去年她一家新门店开业,通知 5 个厂家活动当天去门店搞活动,结果活动那天下雪,只有我的代理商准时出现在门店帮助药店做一些活动准备,而其他厂家的人十点多才到,原因是下雪堵车。客户觉得我的代理商言而有信,就感动了,愿意和我合作。

4. 和客户共同经历一些事

和客户共同经历一些事,便于我们在工作场所之外跟客户有更多的交流,更加了解客户,工作场地之外的非工作内容沟通,也便于我们进一步和客户的关系加深。所以,很多企业组织店员采摘会,客户联谊会,组织客户旅游等都是非常必要的,甚至和客户有共同的爱好,比如一起跑步、钓鱼、学习某一技能,都算是我们跟客户共同经历的事情。有了这些共同经历,也可以在以后的工作中提及,增加彼此感情。从另一个角度说,一起合作三四年,本身就是一段共同经历!

服务客户有三个层级:

一是分内必须完成的——还不错。

比如你答应给客户的物料送去了,给客户的感觉就是"还不错",比只会承诺不兑现的销售人员好得多。

二是可做可不做的——相当好。

比如给连锁总部兑费用,有些连锁药店把营业外收入作为考核采购的一个指标。如果你每个月准时兑费用,只能给客户的感觉是"还不错"。如果你问采购,这个月考核指标完成了吗?完成了,我下个月过来交;没有完成,我先把下个月的交了,给你完成本月绩效考核。这样的操作,给客户的感觉就是"相当好"。

比如诊所客户卖你的某个产品近效期了,其实你完全可以不管,但是你赠送一些别的产品来弥补他的损失,给客户的感觉就是还不错。

或者把公司近效期的产品无偿送给客户销售,其实也是完全可送可不送,但是你送了给客户的感觉就是还不错。

三是销售完全无关的——好朋友。

比如客户请你帮个与业务无关的忙,这就说明大家是好朋友。比如客户想回老家，但是买不到高铁票，你想办法买到票帮他解决这个问题，就是好朋友。

客户对业务员的满意度=体验-期望值。当这个值小于零时，说明客户不满意，这时候客户很容易流失；当这个值等于零时，客户基本满意，但是你已经退出了竞争堡垒，很容易被其他厂家替换；当这个值大于零时，超出客户的期望，给客户带来惊喜，客户会给我们转介绍。只有超出客户想象的服务，客户才会满意。

第五节　和客户愉快地聊天

和客户愉快地聊天，是指我们应该如何找到和客户的共同点，愉快地和客户聊天。

具体来说，就是通过观察、聊天、朋友圈、周边人的透露，了解客户的爱好、兴趣点，找到相同的地方，找到共同的话题。

通过观察，就是我们在跑业务的过程中发现客户的一些兴趣爱好，比如希望吃什么喝什么用什么、关注什么话题等。

通过聊天，就是和客户在谈业务或者交流的过程中发现客户的一些兴趣爱好。

通过朋友圈，就是翻看客户的微信朋友圈，看他最近做了什么或者关注什么，然后找出和客户下次见面时的话术。

通过周边人的透露，可以是客户同事的透露，或者同行的透露，了解客户的一些兴趣爱好点，来挖掘和客户聊天的话题。

1. 见缝插针，投其所好

具体来说，就是找共同兴趣爱好进行聊天。

比如"同姓"，如果你和客户有个共同的姓氏，属于比较少见的，比如我姓"鄢",只要是药店老板采购姓鄢,都能合作。

比如"同性",指的是同性别的人会有一些共同话题,比如有时候跑业务,女同事之间可能聊减肥、美容、化妆、孩子教育等。

比如"同乡",家乡是一个地方的,大家可以聊家乡的事,也可以提升客情关系。

比如"同学",可以适量延伸,比如"校友"也行,也可以找到学校的一些趣闻或者典型事件聊天,增进感情。

比如"同经历",大家共同在某个地方旅游过,大家都在考驾照学车,都在共同读书或者参加执业药师考试,大家关注某个电视剧、电影或者新闻事件等。

比如"同爱好",大家都喜欢阅读、逛街、运动、健身、看球、打游戏等,也都可以发展成和客户聊天的话题。

其实,找共同点聊天的思路还有很多,只要你用心琢磨。

2. 关心药店,传播资讯

在企业内训中,我经常问销售人员客户最喜欢听我们聊什么,很多销售人员说客户喜欢听我们聊家长里短等,我不太认同,觉得单体药店或者诊所的客户喜欢听我们聊别的药店或者诊所经营怎么样,尤其是这些客户生意不好的时候更喜欢问。

药店的店长喜欢听我们说别的门店经营情况怎么样,所以我觉得传播行业资讯,关心药店、诊所生意是客户喜欢听的,其他事情只是聊天的配菜。

3. 可以聊自己的经历

如果你做医药销售做得不错,客户问你做药的经历,可以好好发挥一下,这是我们快速提升客情非常重要的方式。因为有志气、艰苦奋斗、勤劳致富的人总是容易获得人们的好感,如表9-3所示。

表 9-3 "五缘聊天法"

血缘法	和客户找到"宗亲",血缘法也可以适当发散,如果是按辈分取名字,正好可以含客户"叔叔"或者"侄子"来拉近关系
姻缘法	可以把这个圈子扩大一些,比如拜访诊所客户,可以说舅舅的姑妈在这个村,听她讲你的医生不错,今天过来拜访
地缘法	同乡,也可以适当发挥。比如你是湖北人,你的爱人是江西人,你可以说你是江西的女婿,你去爱人家有哪些具有江西特色的见闻,可以和客户聊起来
业缘法	从业经历、工作经历、事业发展经历,如果你和客户共同从事过某一行业,也是打开话匣子的重要方式
好缘法	找到和客户共同的爱好,比如都喜欢打羽毛球或者游戏,可以展开话题聊天

第六节 利益共享,实现捆绑

墨子的《商之道》载:"我有利,客无利,则客不存;我利大,客利小,则客不久;客有利,我无利,皮之不存,毛将安附?客我利相当,则客久存,我则久利!"

从上面这段话可以看出,利益共享在我们和客户的合作中多么重要。所以,我们既要和客户有客情,也要和客户有利益上的往来。

我想,大家都有这种感触。如果我们和客户的接触,仅仅停留在客情层面,比如一起吃饭、馈赠礼物等;如果没有利益的关联和牵扯,总是感觉不够深入,黏性不强。

对于"利益共享"我想表达的是,希望产品在从厂家到消费者的手上的整个利益链上,大家都有利益享受,整个销售经手人才会全力把事情做好,最后你才能有大的收获。

给大家分享一个"拦截"的案例,我们在做OTC销售的工作中,其实绝大多数的工作指向是"店员拦截"。其实,这已经是竞争白热化的时候,如果"陈列拦截"让你的竞品没有办法让店员看到、让消费者买到,就是高明一点的手段了。最高明的是"采购拦截",做好关键人的客情,让你的竞品连进入终端的机会都没有,这样还担心竞争吗?

第七节　客情从赞美开始

沟通的本质是寒暄和赞美。

几乎没有人能够抗拒赞美带来的满足感,如果一个人得到周围人的赞美,他们的行为会向着被赞美的方向发展。掌握赞美的技巧,是我们经营客情关系重要的方式。

《塔木德》中有一句名言:"如果你能以诚挚的敬意和真心实意的赞扬去满足一个人的自我,那么任何人都会变得令人愉快,更加的通情达理,更乐于协力合作。赞美不会被人所拒绝,一句恰当的赞美犹如在银盘上放一个金苹果,使人陶醉。"

美国著名女企业家玛丽凯说过:"世界上有两件东西比金钱和性更为人们所需——认可和赞美。"

但是,当下很多终端销售人员在赞美方面存在以下问题:

第一,措辞比较贫乏。赞美别人的时候,只会说"好""不错"。除此之外,就想不到其他形容词了。

第二,表达过于生硬。说出来的赞美之词很空洞,只知道夸对方"好",但是好在什么地方却没能表达清楚。

第三,缺少深度认同。说出来的话总是给人很肤浅的感觉,难逃拍马屁之嫌。

如何将赞美讲到客户心里?我们要注意以下几点技巧:

1. 要懂得欣赏客户的爱好和情趣

懂得欣赏别人的人往往都是情商比较高的人,懂得情趣的人都是不难接触的人。有时候，我们在赞美客户的时候，只需要懂得欣赏客户就好，并不需要在客户的人品或者性格上下功夫，只需要在客户过往的事迹和行为等方面下功夫就可以了，也就是对客户已经发生的事情进行适当的赞美。

2. 间接的赞美更能彰显自己的诚意

有时候，真诚的、直接的赞美取得的效果或许不错，但是容易给客户留下一个阿谀奉承的印象。太过直接的赞美会让人感觉肉麻。因此，间接的赞美能很好地解决这样的尴尬。我们表达对某一事物、某一类人的赞美，从而间接地赞美客户，那么收到的效果会非常不错。这样做既不显得自己阿谀奉承，也不显得谄媚和肉麻，对方同样能感受到你的赞美，何乐而不为？

3. 在背后赞美客户效果不错

在背后赞美和在背后议论是两码事情，千万不要搞混了。有人觉得在背后议论别人是不好的事情，确实在背后议论别人是不好的事情，但是我们是在背后赞美客户，而不是在背后议论客户，两者的区别非常大。

在背后赞美客户，完全不用担心你的赞美传不到客户耳朵里，因为在背后所说的话很容易传出去，而且背后赞美客户比当面赞美客户效果好。

4. 赞美一个面比赞美一个点好

这样的赞美方式应该算是间接赞美的方式。赞美一个面的意思就是抓住客户的一个优点，我们去赞美客户优点所在的这个层面，这样以面代点的形式赞美客户，不露痕迹就能让客户有如沐春风的感觉，这样的赞美方式更含蓄，效果也更好。

5. 赞美要讲究时机

凡事要讲究时机。时机对了，效果才会事半功倍。最好的赞美时机是与客户聊到某一个问题时做出适当的赞美，这样的赞美是在客户毫不知情的情况下做出的由衷的赞美，而不是刻意赞美。

6. 赞美要讲究态度

赞美的态度要真诚，虚伪的赞美只能让别人感觉是冷嘲热讽，这样的赞美反而会适得其反，不但得不到客户的认同，反而让客户觉得你虚伪。

第一，确定对方确实存在这样的优点、长处，不能无中生有。

第二，赞美时你的态度要诚恳，不诚恳的态度给别人的感觉就是虚伪。

第三，不要夸大事实，不要把对方的优点无限放大，只要适当地赞美就好。

7. 赞美还要讲究因人而异，要有的放矢

赞美是一种技巧，需要合理恰当。在销售过程中，适当合理的赞美对你的销售会起到无限的推动作用。卡耐基说过："人性的弱点之一就是喜欢别人的赞美。"赞美他人时，要注意场合、尺度、对象，要恰到好处、要真诚。

- 对老人要多赞美他们引以为豪的过往的成绩，赞美他们曾经辉煌过的青春岁月。
- 对年轻人则赞美他们创新才能和勇于开拓的精神，说他们自古英雄出少年、年轻有为。
- 对女人则赞美她们漂亮、有内涵、知性、有女人味。
- 对老板则赞美他们有眼光、有魄力、有理财能力，喜欢学习，不怕苦、不畏难。
- 对经理人则赞美他们忠心耿耿、勤奋、能干，是老板的好帮手。

- 对老板娘则赞美她是贤内助。

8. 赞美行为而不是赞美人

赞美一定要言之有物，比如你们赞美鄢老师的课讲得好，你说："鄢老师你真厉害，讲课全国第一！"这一听就有点拍马屁的嫌疑。你换一种方式说："鄢老师你的课讲得真实，希望我们公司下次再请你来讲课。"这一听让人心里美滋滋的。

从赞美开始，销售不是难事。因为所有的销售都从沟通开始，沟通最好的办法就是掌握人的弱点，而赞美就是全世界的人最普遍的弱点之一。所以，从赞美出发，任何陌生人都能变成朋友，任何销售都变得简单有效。

做销售的过程中，并不是说你找到了客户的联系方式，然后疲劳式轰炸客户就能开单的，销售是一个处理人际关系的过程，而这个过程的开始就是从赞美客户开始的。找准客户的心理需求再赞美会事半功倍。

延伸：FFC 赞美法

赞美很重要，赞美要从细节出发，要真诚，会事半功倍。所谓 FFC 赞美法，就是指在赞美一个人的时候，先用细腻的语言来表达自己的感受（Feeling），然后再进一步陈述事实（Facts）来证明自己的感受并非空穴来风，最后再通过一番比较（Compare）来表达对对方的深度认同。

举例：夸店员的衣服好看。

我觉得你今天穿的这件连衣裙真的很有品位（Feeling），这件连衣裙的款式和你的气质很搭，也非常适合你的肤色和身材。（Facts）说实话，这是我今年入夏以来，看到的最好看的一件连衣裙了（Compare）。

第八节　和客户一样关心他的生意

关心客户包括我们要学会关心客户的生意和关心客户的家人。

关心客户的生意，我们对客户最大的价值就是我们在不同的终端中穿梭，了解很多终端信息，这是客户希望知道的，尤其是生意不好的时候最喜欢打探别人的境况。

在关心客户生意方面，我们可以谈谈大趋势，如医药行业诊所、药店发展的大方向，这就要求大家多学习，多看一些相关的文章，储备素材。说说拜访门店中收集到的故事，比如哪个药店、诊所经营得好，你发现他们有什么小窍门，等等。

介绍其他厂家合作，有时候一些厂家有些品种找不到人的时候，你可以帮忙介绍。帮客户拓展事业，跑业务过程中发现哪个地方没有药店和诊所可以介绍给他。帮客户招聘店员、护士，能不能招到是其次的，当他在朋友圈看你帮他找，他就很开心了。

有时候客户突然断货，着急卖货，你帮客户调货，帮他解燃眉之急。

第九节　处理矛盾，促进客情

在和客户合作的过程中，发生矛盾是正常的，矛盾处理好了，反而可以进一步增强我们和客户的关系。

当我们和客户发生矛盾时，一定要先控制情绪后再处理问题。大家可以参考三个步骤：倾听、同理心、解决方案。很多时候，矛盾尖锐只是客户想发泄不满，其实让他把情绪发泄完了，事情也就没那么重要了。

倾听，让客户把不满说出来，然后你表达同理心："我非常理解你的感受，如果换成我，发生这样的事情也会像你一样生气。"这样表达出来，客户就没那么生气了。注意，认同并不表示同意他的解决方案。接下来，我们来协商事情的解决方案。

对客情建设部分的内容做以下总结：

①没有边界的心软，只会让对方得寸进尺。毫无原则的仁慈，只会让对方为所欲为。所以，我们和客户的客情也要把握好度，太亲密就不好意

思对客户提要求了。

在和客户的客情建设中，我们并不是一直要做懦弱的一方，一段好的感情一定是双方共同经营的，任何一方卑微地付出，最终都会出问题。

②与其更好，不如不同。而我的不同也被你需要。对客户了解越多，我们做客情的形式就越多，同质化的内容就越少，和客户的关系就越深。

③永远提供超过客户想象的服务。只有超出客户的想象，他才会满意。只有惊喜或者惊吓才能给客户留下深刻的印象。

④所有的热情都会在等待和失望中消失，没有例外。对客户承诺的事情，能做到的尽力做到，做不到的可以不承诺，但是不要承诺超出自己能力范围的事情，因为做不到客户更讨厌你。

⑤真正维护客情关系的手段是日积月累地处理与客户之间的大事小情。

第十节　货款回收技巧

客户的付款习惯是业务员养成的。把货卖出去，把钱收回来，是我们的职责。即使你是承包制的，也要有经营意识。

欠款是一种习惯，及时付款也是一种习惯，销售人员要让零售客户养成及时付款的习惯。第一次最重要，零售客户第一次及时付款了，第二次就好办，否则第二次会比第一次更难收款。所以，第一次一定要把款收回来，不达目的决不罢休。

1. 做好客户调查，提前协商结款方式

如果你听说或者发现这个客户的款很难收回，你可以通过商业公司配送和他合作，客户敢欠你的钱但是不敢欠商业公司的钱。尽量选择大的商业公司，比如华润、国控、九州通等。

如果你选择直供，那么在谈业务的时候就要把结款方式说清楚，不要含糊其词，不管是月结还是现款、实销实结、批结甚至是年结都要说清楚。

2. 按照客户的结款流程办事

什么时间对账，什么时间送税票，什么时间打钱，按照客户的流程，不按客户的规矩办事，导致款不及时谁也不要埋怨。

3. 按照约定的方式结款

到了约定的时间就要找客户结款，不要在结款过程中随意改变结款方式。对于一些小客户，态度要坚决，甚至可以抱着不再合作的态度，要不然窟窿越来越大，最后不欢而散。

千万不要害怕影响你和客户合作，本来客户不及时回款，就已经影响你们合作了，他都不在乎你们的合作，你一厢情愿有意义吗？

4. 培养客户优先回款的意识

客户在向供货商支付货款时，并不是随便支付的，他们会根据以下原则选择支付的先后顺序：

- 产品整体销售金额的多少。对于畅销且销量大的产品，客户是不愿断货的，所以会以积极回款的方式争取对方更多的合作。
- 产品对客户利润贡献的多少。主要体现在进销差价、返利、费用补贴等方面，带给客户的利润越多，客户的回款就越积极。
- 客情关系的维护程度。假如客户给你卖了一年的货，最后连你的面都没见几回，对你都没有印象，又怎么会优先考虑你的回款呢？
- 厂家对货款管理的松紧程度。假如连你都不重视自己的货款，催收的力度和策略都上不去，难道你的客户还会把它放在重要的位置对待吗？

了解了客户优先回款的意识对回款的顺利开展非常重要。

5. 不要轻易断货

很多销售人员因为客户结款不及时就贸然断货。如果你是大公司，发律师函即可，如果你不想搞得这么僵，那么你可以减少合作的品规，继续合作一些空间大的产品，不要贸然断货。完全没有业务合作后，客户更不回款，收款难度更大。保持合作，货款还可以回收回来。

成功的收款技术，不外乎"快""准""狠"三字诀。其中，"准"的意思就是准时收款，而在这之前一定要事先和客户约好时间。如果没有约好时间就贸然去收款，不但会引起客户的反感、破坏彼此的关系，而且很难收到钱。

延伸：运用 FORM 法则和客户愉快聊天

所谓的 FORM 聊天法则，是指我们可以从家庭、事业、休闲、金钱等方面和客户展开聊天的话题。

家庭（Family）：现在住在哪里，老家是哪里的，结婚了没有，孩子多大了，孩子上几年级，父母是不是住在一起，平时有没有时间辅导孩子作业，平日有没有带孩子出去旅游，等等。

事业或者职业（Occupation）：哪个学校毕业的，是不是学医药学的，自己开药店/诊所或者在药店上班多久了，对目前的工作是否满意，未来是怎么打算的等。

休闲或者兴趣爱好（Recreation）：上班时间以外喜欢做什么？运动、逛街、做饭、钓鱼、唱歌、喝酒、喝茶、书画、读书等。

金钱或者梦想（Money）：收入怎么样，满意吗？什么样的收入才满意？有没有近期旅游的计划？有没有投资理财或者股票，有没有第二收入的职业？

当然，使用这个聊天方法的时候也要有一些铺垫，在合适的情况下自然而然地随意性提问，不要像查户口一样，那样会让客户烦，最后得不偿失。比如你看到客户手上戴着运动手表，就随口问："张总，你平时用手表监控自己的运动和健康数据吗？"

　　FORM法则仅是给你一个方向，一定要找一个人模拟训练，形成聊天的习惯。尝试在一些客户身上使用，当这些都能熟练运用的时候，基本的聊天能力也就具备了。

第十章

终端动销：用销售促进合作

几乎所有的销售老手都知道一件事情，产品进场铺货是最简单的，而产品要动销上量是最难的。没有产品的动销上量，就没有客户的持续购进，自然我们的收入也得不到保障。这一章的内容，主要和大家探讨产品动销上量的话题。

第一节　产品动销来源的两条线

OTC产品（我们定义的OTC产品为广义概念，最主要的特征为主要销售场所为药店或诊所，包括狭义的OTC品种、以及在药店或诊所销售的处方药品种（如安宫牛黄丸等）。

在终端的动销过程中，来源两条线：第一条线是消费者主动来药房里来找某个产品；第二条线是药店的店员或者诊所的医生主动给消费者推荐处方某个产品。产品从终端（药店诊所）到消费者手上，也是完成了产品从商品到消费品的转换。

1. 消费者主动找产品，产生产品的动销

这条线产生动销的重要动力来源以下几个方面：

①医生的处方，很多消费者因为之前类似的病症在医院或者诊所处方过某个产品，然后主动要求购买。

②店员曾经推荐过某个产品用的效果比较好，再次购买。

③消费者推荐。病友推荐某个产品效果好，然后消费者去药店购买。

④用药经验。自己凭经验主动购买某一产品。

⑤广告影响。电视广告、视频广告、楼宇广告等对消费者产生的影响，当出现类似病症的时候，消费者主动购买。

⑥营销活动的影响。很多时候，消费者不一定知道他有某个产品的需求，但是看到药店的海报提醒，或者参与检测活动、健康讲座、体验活动中发现自己有需求而主动购买。

要想消费者主动来买，最重要的是产品的疗效确切，或者产品的疗效可感知，至少消费者觉得这个产品对他有用。

我们经常讲，最简单的动销就是消费者主动来店里找，还非要买这个产品不可。所以，做OTC销售一定要做消费者工作，一定要做品牌，消费者教育才是各大药企获得上量的上上之策。

2. 店员推荐和医生处方产生的产品动销

药品作为特殊商品，药店店员推荐和医生处方也是产品动销的重要通道，并且是主要通道。因为对消费者来讲，更相信店员和医生的专业程度。因为广告产品、临床带动的产品毕竟是少数，绝大数药品消费者不曾用过，没有听说过，还是需要店员医生来动销。

店员推荐的前提是自己知道店里有这个产品，并且对这个产品很了解，知道适用哪些病症，能够取得什么样的治疗效果，还要考虑推荐这个产品的动力。

同样，医生处方这个产品，会考虑到以下几个因素：

①客户观念。这个产品用在这类疾病上是不是最好的选择，会从安全性、有效性、便利性、经济性等角度考虑。

②客户关系。自己和这个销售代表或者销售代表背后厂家的关系怎么样。

③客户动力。在以上基础上，自己凭什么要处方这个产品。

第二节　终端动销是多因一果

产品最终在终端动销上量好，是多因一果，绝对不是一因一果，因此绝对不是你仅仅做好某一个方面的工作就可以的。我相信有销售人员加大奖励，销量提升并不明显的，也有销售伙伴和客户关系非常好，但是销量不突出，有些销售伙伴天天给店员医生培训产品知识，但是产品的销量仍旧低迷。产品在终端的上量一定是多因一果，一定要有整体观，从更高的角度布局我们产品的销售。

1. 顶层设计和基层执行各占 50%

很多销售管理者把产品的不动销全部怪罪基层销售人员的执行力不强，我觉得不完全正确。如果顶层设计没有做好，让这个产品一出生就是一个羸弱的产品，不管基层人员如何努力，最后也没有好结果，你最后让终端业务员的执行力不强"背了锅"。

细细说来，比如你的顶层设计价格出了问题，我们都知道，定价定天下，定价定生死，可能说有点夸张，但事实确实如此。

比如你的零售价不合理，让业务员一上战场就陷入价格带竞争；你的出库价不合理，一上战场，你的产品就失去了渠道驱动力；你的产品定位出了问题，卖点和市场的产品同质化太多，一上战场，你的产品就失去竞争力，比如你的营销打法太老套，导致市场推进的速度很慢；等等。

这些顶层设计的问题和产品的动销息息相关，在批评业务员执行力不好的时候，可以静下心自省一下，是不是顶层设计出了问题，让业务员执行不下去。

2. 产品动销是一个系统工程

OTC 销售的环节：调查、进场、维护、上量、转介绍。但是很多业务员只关注两个环节：进场和上量。最后，产品上量出了问题，才发现原来从进场的时候就错了，没有想好产品的动销方式，产品进场的那一刻就是问题产生的那一刻！

很多业务员把 OTC 销售的每个环节分割了看，进场的时候一味地满足客户的条件，不考虑设置的底线。结果产品是进场了，因为没有其他额外的动销费用而导致产品滞销。

进场之前，不做调查工作，不了解连锁的动销方式、回款情况，不总结自己的谈判话术、谈判底线等，就围绕价格、产品、结款方式、进场费谈判，自然不会有好结果的。

不做门店的维护工作，店员对你的产品不了解，也不熟悉，就指望给点激励政策，给点压力就想别人卖，有压力店员是得卖，但是店员不知道怎么卖，就影响到动销的效果。

所以，从产品进场前的调查，谈判开始就要为产品后来的动销做铺垫。

3. 每个动销动作都需要协同作战

你觉得产品卖得不好，是因为给的激励政策不好，加大了奖励政策效果就会好吗？

我一直强调，不要把营业员想得那么功利，好像卖不卖你的货都是因为激励政策。如果你还这么想，只能说明你的业务做得不够深，最后我们会发现，对产品的熟悉和认同，是店员推荐的首要因素。

药店做的是周边居民的生意，产品效果不好，是会反馈回来的，店员不愿意因为你的产品背上骂名。

那么协同作战是什么意思？我们以额外增加奖励为例，你现在增加了奖励，店员有了卖的动力，但是店员可能不知道怎么卖，或者对这个产品信心不足，那么你是不是要补充一个店员培训来协同作战？

店员对这个产品不熟悉，没有形成卖药习惯，我们是不是要通过陈列来提醒和引导？

推荐的话术太多，店员记不住，我们是不是可以通过手绘 POP 来提供话术？

没有跟踪就没有意识，我们是不是要增加拜访的频率？

……

具体到某一个动销动作的时候，千万不要忘了协同作战。

4. 总部客情和门店客情要统一

做连锁一定要上下都通，一个不通，我们的产品销量就会受很大影响。

上面不通，压制进货，压制回款，中断各种活动，那么你的产品会受影响。

光上面通，下面不通也难受，店员不执行，店员不卖更难，毕竟完成最后临门一脚的是店员，和他们的客情直接关系到我们的产品是否会被推荐。

和总部的关系不好，还有可能被"釜底抽薪"，很多销售人员的销量好了，被竞品盯上了，本来不重视的品类，你搞出了花样，结果被总部关系好的顶替。

当下连锁药店集中化程度越来越高，管理越来越规范，阳光化的操作势在必行，这也是产品上量的最佳路径。我们要和连锁总部的关键人密切沟通，能不能提高产品的推荐级别，能不能加大店员的推荐力度，能不能把产品加入大促名单，再配合门店的拜访和动销工作才能有更大的销量。

5. 终端促销和长期动销要结合

门店的促销活动要和长期的动销工作结合起来。我们不能为了追求长期动销而忽视门店的短期促销，比如你一直搞培训活动，从长期看对产品的上量有帮助，而你不搞促销，结果你的竞品在那里针对店员和消费者搞促销活动，这一品类的销量就被竞品抢去了。

第三节　动销活动的设计与执行

1. 动销活动存在的四大问题

（1）鞭打快牛——要考虑增量绝对值

销售越好的客户越喜欢出动销方案，销售越好的产品越喜欢给政策出方案，但是销量却增加不大。

比如客户甲现在卖你的产品一个月卖2000盒，你觉得卖得不错，继续给他出政策方案，结果买了2200盒，实际的增量只有200盒。

同样的费用政策下，客户乙只有1000盒的销量，也许是你一般的客户，但是投入之后，可能产生1500盒的销量，增量是500盒。

举这个例子，主要是希望大家投入费用做方案的时候，要充分考虑增量绝对值。

（2）天女散花——门店政策要有针对性

针对性不强，动销资源均分后力度不大，动销效果不好。很多人拿到资源后，就给所有的客户做方案、做政策，结果有些客户不在意，浪费了资源。

做连锁药店的方案，200家门店，有150家门店都没有拜访，结果你给总部做的方案还下发给了所有门店，费用花了，效果却并不理想。

我们一定要针对不同客户、不同门店来做具体的方案。

（3）思想局限——促销不只是降价

说到动销活动，想的最多的就是"买赠""送礼""降价""搭赠""打折""换购"等"变相降价"的手段。

先不说这些促销活动的合法性（注意诱导消费者多买药是不合法的），

你们做完之后效果好吗？

导致效果不好的原因很简单，药品是特殊商品，消费者没有认同这个产品的疗效且有需求的情况下，并不会因为你的产品便宜就购买。所以，促销只能决定消费者今天买还是明天买的问题，并不能决定消费者买不买。

动销活动的方案很多，如店员教育、案例分享、销售对标、销售奖励、患者教育、消费者活动等都是动销活动，为什么非得降价促销？

（4）缺乏规划——要实施"长期渗透的策略"

很多人做动销方案的原因是药店或者诊所老板要求我们做，公司要求我们给客户做。竞争对手在做，为了对抗竞品，所以我们做。这些都是缺乏规划的表现。

好的动销方案应该是提前一年在做营销规划的时候就已经做好了。我们根据重点客户、重点门店、重点产品、重点时间段、重点对象采取"长期渗透的策略"来做动销方案的规划。所谓的"长期渗透的策略"就是活动力度不大，但是活动经常有。

2. 动销活动的目的

没有想好动销方案的目的，做出来的动销方案执行的结果不会好。做动销方案有两个目标：一是从增加销售的角度；二是从解决问题的角度。

从增加销售的角度的讲，我们做动销活动的目标有以下几个：

（1）导入新品

以开发新品、新客户、新门店为目的，快速导入产品。比如上新品，连锁药店对动销没有信心，我们先选择几家门店做动销活动（免费检测试用之类），取得好效果后，在这个连锁药店全面上货，这个活动的目的就是新品导入。

（2）增加销量

针对潜力客户、潜力产品的销量增加。所谓的潜力，就是说目前销量不满意的连锁药店、连锁门店或者店员。比如一个连锁有100家门店，30

家门店销售不错，那么我们针对剩余的70家门店做针对性的活动，就是针对问题门店。

（3）稳定销量

针对成熟客户、成熟产品以稳定销售份额为目的。目前销量不错，做活动的目的只是稳定销售，防止竞品的侵入。

（4）竞品对抗

以对抗竞品活动，保障销售份额。竞品的动销活动影响我们的产品销量，我们要针对性地做动销活动反击。

从解决问题的角度，我们做动销活动的目的有以下几点：

（1）针对连锁总部

解决产品的推荐通路，解决产品进场。采用的方式有阶段奖励、进货奖励、销售返利等。大家要注意，压货本身就是动销。压货是前提，动销是根本。

（2）针对店长店员

增加店员对我们产品的开口率，推荐率和成功率，解决产品的主推，形成销售习惯。根据产品的不同销售阶段，我们可以采取以下策略：

①培育阶段：首单奖励、大单奖励、疗程奖励、单品提成、销售竞赛、陈列大赛、PK激励、案例分享、联合用药奖。

②增长阶段：增量奖、完成率奖、事前认购。

③稳量阶段：存量提成降低、重奖增量部分、增量提成奖、目标冲刺奖。

（3）针对消费者

引导消费者消费，并建立用药的依从性，形成购买习惯，形成对产品的忠诚度。我们可以采取的策略有：

①买赠方式

引导消费：同品买赠、溢价礼品、关联买赠、体验买赠等。

挤压竞品：疗程买赠、满额买赠、抽奖买赠等。

②变相降价

空盒换购、复购×折、健康补贴、限时特惠、加价换购等。

③**互动游戏**

药店门口看电影、充气城堡、画画、玩沙等。

④**健康讲座**

包括痛点教育、误区教育、科普教育等。

3. 动销方案的选择和执行

(1) 动销活动的选择

根据客户的历史销售数据，不管是进货还是纯销数据，一定要有连续三个月的销售数据才有分析的意义。我们从以下问题来分析，产品销量不佳或者令你不满意的问题究竟出在了哪里。

①门店下滑的原因是什么？客观原因，季节、疫情、连锁药店无心经营等，一般客观原因要参考竞品销售的现状。主观原因就是销售人员的关注够不够、目前的营销措施是否有效等。

②以什么样的标准来衡量销量？对这个销量不满意，是相对于竞品还是其他同等量级客户，还是参考什么标准评判的。

③目前动销资源和动销动作的投入情况，目前有没有投入费用做动销，门店有没有销售人员在跟进，店员培训、产品的陈列等基础动作是否做到位。

④客户的基本情况介绍，负责该连锁药店的业务员汇报他的评价。

⑤竞品情况如何？是不是竞品的促销活动导致产品暂时性销量下降。

⑥目前卖不好是不是店员的问题，比如不知道这个产品，不了解这个产品，不愿意卖这个产品，不会卖这个产品。

⑦目前卖不好是不是消费者的问题，推荐了而消费者不接受，消费者不愿意更改用药习惯，消费者不愿意尝试新的剂型或者治疗方式。

⑧对这个客户的定位是什么？这个客户是出量的客户还是挣钱的客户，还是只作为一个标志性客户来影响其他客户。

根据以上数据和销售人员分析，结合动销活动从解决问题角度的分析，选择对应的活动方案。

确定活动方案后，我们的活动方案是否满足"SMART原则"。

S（Specific）——明确性。所谓明确性就是要用具体的语言清楚地说明要达成的行为标准。明确的目标几乎是所有成功团队的一致特点。很多团队不成功的重要原因之一就是目标模棱两可，或没有将目标有效的传达给相关成员。不要一次多个方案，比如又加提又联合用药。

内容的表述不能有歧义，要具体、准确。尤其是涉及销量的数字，是进货数量还是纯销数量要明确。谁做什么事情做到什么程度，明确奖惩兑现的时间和形式。

M（Measurable）——衡量性。衡量性就是指目标应该是明确的，而不是模糊的。应该有一组明确的数据，作为衡量是否达成目标的依据。可衡量的目标要么可以量化要么可以质化。

A（Attainable）——可实现性。目标是可以让执行人实现、达到的，如果上司利用一些行政手段，利用权利性的影响力一厢情愿地把自己制定的目标强压给下属，下属典型的反映是一种心理和行为上的抗拒：我可以接受，但是否完成这个目标，有没有把握不好说。

这个目标完成不了的时候，下属有一百个理由可以推卸责任：我早就说了，这个目标肯定完成不了，但你坚持压给我。目标基于现实，但是要有一定的挑战性，甚至可以让业务员写，但是要让他的领导认同。

始终牢记一点：我们是让人家拿到钱，而不是拿不到钱，是"摘桃"而不是"摘星"。

R（Relevant）——相关性、适宜的。目标的相关性是指实现此目标与其他目标的关联情况。如果实现了这个目标，但对其他目标完全不相关，或者相关度很低，这个目标即使达到了，意义也不大。这个活动目标完成后，可以为其他活动做铺垫。

T（Time-based）——时限性。目标特性的时限性就是指目标是有时间限制的。活动的起止日期不要太长，最好以月不要以季度为标准。结果汇总的时间要及时迅速，兑付奖励的时间越快越好，及时奖励。

（2）活动的洽谈

对接部门：连锁药店的采购、运营、商品等相关部门。根据终端客户的实际情况来定。

对接时机：关注连锁药店营销方案的确定时间，连锁药店整年、季度、月度的营销方案的侧重点。尽量让我们的动销活动方案与连锁的整体营销规划相结合，这样执行会更加高效。

销售分析：根据之前做活动的销售分析，和连锁药店活动谈判人员共同分析为什么要搞活动，目前销量不满意问题出在哪里，商讨促销活动的目标和预计的产品增量。双方资源在活动中各自资源的投入。

共同行动：厂商共同协商促销目标与任务分解门店，总部下活动的通知，销售人员门店通知，店员的激励方案通知店员知晓，促销动员与政策宣导，是否需要开活动的启动会，启动会是否要药店领导站台。门店的销售氛围的打造，产品与物料的配备及时到位。促销时机的选择，是选择会员日、店庆日，还是节假日。促销活动的宣传方式，怎么针对消费者和店员进行活动的宣传。

（3）活动中的跟踪

方案的执行过程中，跑门店的销售人员要及时反馈门店活动执行的情况，销量不佳的时候要及时纠偏，万不可活动执行时，销售人员只在家里等结果。

根据实际情况及时调整，争取最好的结果。

（4）活动后的反馈

活动期销量与没有活动时销量的对比，看投入产出比结果如何。可以考虑客观因素但总是有方案有问题，比如这次活动效果不好是阴雨天过多，避免以后在阴雨天开展活动。这次活动虽然没有达到预期的销量，但是考虑长久的影响，仍然有价值。

总结一下，一个活动方案的制定和执行至少要包含以下内容：

①**连锁的现状及问题**：通过销售数据分析，造成产品销量不佳的关键因素是什么。

②**准备采用的方案**：活动目标、活动时间、活动产品、活动方案（具体激励的内容）、兑付方案、兑付形式等。

③**活动执行**：连锁需要做什么工作，厂家需要做什么工作，活动执行中怎么跟踪。

④**活动的评估**：活动的短期效果和长期意义。

第四节　门店促销活动开展

一场门店的促销活动尽量不要只做成一场促销，卖给消费者一次货了之后能不能把活动效果最大化值得人思考。

保持新零售思维将连接（监测、体验）、激活（互动、教育）、转化（需求满足、延伸）、留存（回访、跟踪）、裂变（患者领袖）等工作做到实处，推动产品精准营销，为消费者健康服务，为企业创造更高价值。

想要终端促销活动的效果好，整个营销活动我们要注意以下几点内容：

①你的活动方案或者现场，能够让消费者第一眼看到就产生好奇和兴趣，能够被你的活动吸引住。

②当用户被你的活动吸引之后，用户就会有参与进来的冲动，但是人们总是害怕风险，不愿意作出改变。这时候，大部分人会选择观望，先看看别人怎么玩，然后再决定要不要参与进来。我们可以利用"从众，害怕失去，比别人做得好"的心理，让消费者看到别人都在参与，自己也不想错过这样的机会。

③消费者观察完别人参与的情况，知道活动是怎样之后，就会参与活动。

④让消费者参与活动后愿意帮我们分享。我们可以让消费者获得成交感，让消费者表达自己的情绪，尽量是正面的、积极的，把消费者塑造成意见领袖。

1. 促销活动存在的问题

从"人"的角度来看，存在的问题：

●销售人员精力不足，管理的客户多，没时间做活动。开展活动的时候，分工不明确。

●检测人员和成交人员最好不是一个人，这样容易获得消费者的信任，一个人不能又当运动员又当裁判，活动人员不足的时候可以让店员充当销货人员。

●思想不统一，有些销售人员有抵触情绪，不愿意搞活动，觉得没有用，劳民伤财。

●不重视，不积极，觉得促销活动可做可不做。

●只是作为销量不行时的一种补救性措施，不知道促销也是OTC工作中很重要的内容之一。

●对参与促销活动的销售人员培训不到位，导致活动中动作执行不统一，导致成交率低。促销流程要培训、要明了。

从"财"的角度来讲，投入产出比失衡，没有测算好。没有明确的目标，销售目标是否合理，目标是否落实到人，是否制定奖惩措施。厂家政策和药店政策在交叉的时候是否清晰，避免买单的时候有纠纷，影响成交。

从"物"的角度来讲，备货不充足，货不够卖，调货影响激情，影响消费者的感受，增加成交难度和流失率。赠品准备充分，不够用。物资物料准备不足，导致活动现场氛围不好，甚至影响活动的执行和客情关系。促销人员没有专业化的着装，无法获得消费者的信任，导致成交率低。

从"宣传"的角度来讲，活动前，厂家、药店、门店各自做好宣传工作，确保活动当天参与者多。活动中的传播，让已经参加了活动的人再邀请别人回来参加。活动后的传播，让活动效果最大化，影响更多的客户和潜在客户。

2. 促销活动的意义

促销活动对厂家的意义：做好品牌宣传，让更多的人知晓产品。缩短产品动销的时间，（比如卖多少送多少的活动）让消费者形成初次购买和重复购买，提升业绩，和客户合作黏性更强。

促销活动对客户的意义：短期内帮助客户提高销量，帮助客户吸引新客户，稳定老客户，提高客户的名气，提高店员的专业性，赢得消费者的信任，提高收入。

促销活动对销售人员的意义：快速提高产品销量。提高其他产品的销量，便于导入更多的产品，提高销售人员的专业性。

促销活动对消费者的意义：提高对疾病的认知度，更加合理用药，提供新的治疗方案。

店员的主动推荐和医生的主动处方，是我们做促销活动的目的，因此在动销活动中增强客户的信任，加深客情关系才是根本。

3. 门店促销活动客户及时机的选择

在门店开展促销活动，主要根据行政任务和自主选择，行政任务指的是连锁总部要求去开展的门店，一般这些门店的生意都不太好，希望门店开展活动能提高门店的销量和人气。

大多数的客户是自己选择目标门店，这些活动门店的选择可以参考以下指标：

A. 门店销售额、客流量。高质量的门店是活动取得好效果的保障。

B. 活动产品的月均销售。

C. 有无会员名单提供或自己收集的名单。确保活动参与的人数。

D. 能否提供品类会员名单。精准人群，定向邀约的成交率会更高。

E. 店外场地和店内场地是否充裕。有没有开展活动的场所，尤其是人多的时候，能不能容纳下。

F. 城管，药监部门是否解决。以免在活动期间突发情况，影响活动的效果。

G. 药店门店性质：社区店、商超店、院边店、厂矿店、乡镇店等。

活动时机的选择根据客户的活动安排、当地的天气情况等来定。

4. 活动执行

(1) 第一项：活动准备

人员准备：人员分工及各自职责和工作内容清晰、目标清晰；回顾活动流程及内容，宣布活动纪律；活动门店的目标店员沟通到位，以免活动中产品被拦截。

物料准备：产品提前备足货，横幅、彩页、礼品、赠品、展架、海报、音响、检测仪器、活动设备、展示盒、展示桌、统一的服装形象等。

音响播放我们的活动信息一方面是吸引消费者来参加我们的活动；另一方面也是对店员进行"洗脑"，加强店员对产品的印象。

提前宣传：业务员、店员是否提前发朋友圈，药店公众号是否宣传；活动门店易拉宝提前展示，或 LED 显示屏播放；会员、店员是否通知到位；药店附近彩页是否发放到位，店员活动培训是否到位。

(2) 第二项：补宣引导

活动现场继续发彩页做活动宣传，吸引新顾客加入活动；如果消费者怀疑不敢参与活动，销售人员和店员要参与活动，打消消费者的顾虑；引导意向活动的消费者到活动指定地点；活动参与的消费者比较多的时候，要维护现场秩序，解决突发情况，比如插队等。

(3) 第三项：登记取号

排队人数较多时，发放检测顺序号码，从 5 号开始发。主要是方便老客户，或者时间比较赶，需求比较明显的客户插队。另外，也让其他消费者感觉永远有比他更早来参加活动的。

登记客户初步信息，最好有专业化表格，这样可以避免遗漏信息，可以进行目标客户初步筛选，对于需求比较匹配的客户，可以在表格上做好标记，负责体验检测成交的同事，看到标记后重点做推荐。

(4) 第四项：检测体验

检测体验前，先做好专业的问诊和专业的动作，进一步完善健康登记表。这个环节至关重要，是决定体验检测活动能否成交的关键。在做体验或者检测前，要对消费者做好专业的问诊和专业的动作，用专业获得消费者的信任。

专业的问诊：包括问发病时间、发病原因、是否去医院看过、医生怎么说、吃过什么药、目前身体状况如何、希望达到什么样的治疗目的等。

专业的动作：触摸患者的病患部位，做一些检测的动作，比如检测肩周炎的三个标准动作等。就像你去医院看病，医生检查你的身体一样，目的还是让自己显得专业，获得消费者信任。可以借助一些工具，如听诊器、手电筒、经络图等表现专业性。

总之，你越专业，消费者就越相信你，你的成交率就越高。

做检测或者体验，体验过程中要预告效果。当出现的感觉和预告的感觉一样，更容易让消费者认同这个产品。通过体验和检测，购买意愿度比较高的时候，引导至健康顾问处或者店员那里成交，如果检测体验和成交是一个人就自主进行成交。

(5) 第五项：健康顾问

解读测量结果，分析客户病情与产品使用的匹配程度，给出解决方案。在这里要注意一点，如果是做免费体验，千万不要问体验后消费者"效果怎么样"，因为每个消费者对效果定义不一样，如疼痛的患者，有的觉得一点都不疼了叫有效果，有的觉得没有刚才疼了叫有效果。我们应该问"感觉"如何，只要他说出什么样的感觉，你就定义这个感觉就说明产品对消费者有效果。

(6) 第六项：产品促销

我们都希望提高活动现场的成交率，提高成交率，大家要注意以下的内容：

要成交一定会谈到价格，我们主动提出来，说这个产品对你有效果，就是价格有点贵，利用"对比"心理，反而容易成交。

让消费者疗程购买，可以从四个方面讲：一切为你好，让你买一个疗程，不是我想多挣你的钱，是你的病情需要。如果只买一两盒，只能缓解症状，稍微变点天，又会疼痛。今天有优惠，活动现场买打八折。

为了防止我们沟通好的消费者在购药的过程中被店员拦截替换别的产品或者不买，我们可以说你买完之后过来，我给你做健康指导。健康指导包括用药的注意事项、生活习惯等。这样做有两个好处：一是防止丢单；

二是消费者拿着药，无形中给其他检测体验的消费者做了榜样，提高后面消费者的成交率。

（7）第七项：档案整理

记录好相关购买信息及体检沟通信息，为下一次活动做准备。

（8）第八项：效果评估

当天活动效果的评估：体验数、成交数、成交量、门店当天销售额。

当天活动的总结，没成交的失败教训，找到应对方案，成交的寻找成功经验，提炼复制继续使用，进一步改进。

典型案例的提炼分享，把成交率高的话术和方法总结起来，大家一起学习，提高成交率。

（9）第九项：传播增效

活动后，业务员、店员、连锁药店的公众号、药企的公众号进行传播，公益活动可联合药店和媒体共同宣传。注意：宣传的文字内容和图片格式要统一，以确保效果最大化。

这里提醒大家，活动效果一定要量化，我们说活动可以提高门店的客流量和销售额，所以搞了一天活动，要把消费者排队的场景和提高销售额的具体数字发给能接触到的客户高层看，突出我们的价值。记住，一定要量化我们的贡献。

5. 活动的注意事项

谨记："早去晚走"的法则。门店店长和店员，诊所的医生和护士永远只记得住去得最早的和走得最晚的业务员，所以要早去晚走，留下好印象。

谨记：开口率就是成交率。活动现场要敢于卖我们的产品，敢于开口不要怕拒绝，开口率就是成交率。

谨记：千万不能只卖你的货。针对消费者的病情，需要联合用药的一定要联合用药起来，不能你只卖你的产品，要是这样，以后的日常销售中，店员也不会联合你的产品销售。

第五节　会议营销——学术会与圆桌会

基层诊所产品的上量离不开会议，我们调研发现，几乎中国基层诊所做好的厂家都是靠会议，这里的会议包括学术会和圆桌会。

1. 如何让医生愿意参加你的学术会

我相信很多在诊所开展业务的小伙伴们，都会把"学术会"作为产品进场上量，攻破客户的一个重要手段。有的人感慨，以前很管用，现在不管用了，邀请客户，客户都不来。因为客户不来参加你的学术会，你就否定了这种模式？

不是客户对学术会不感兴趣，只是客户对你的学术会不感兴趣而已。

为什么？医生的职业所决定的，因为医生是一个终身学习的职业，所以对于学技术肯定是愿意的，再加上国家对诊所的管理和要求也越来越多，按照传统的方式去挣钱肯定是越来越难了，寻求技术上的突破是趋势。如何让医生愿意参加你的学术会？

（1）业务员要懂点技术

在实战中发现，业务员邀请客户，自己都不知道邀请客户来学习的技术是什么、大概怎么操作、是否有效果、这个技术的来源、理论基础、目前在哪些地方运用、治疗哪个领域的疾病效果最好、讲课的老师有什么样的背景等。

如果业务员都不了解，你觉得他对客户介绍时能说清楚吗？说不清楚，又怎么会吸引医生参会？因为医生很忙，你却给他介绍一个不感兴趣的技术，你觉得他会学吗？

我在山东开学术会，大夫都在认真听课，业务员在那里玩手机、抽烟。我说:"你们为什么不学习一下这个技术,哪怕是简单了解一下,你去邀请客户参会的时候给客户展示一下,或者你先去做个义诊,让大夫看到操作的简单和治疗的有效,你说大夫会没有兴趣参加吗?"

(2) 设计好邀请话术

和谈业务一样,邀请客户参加学术会,也要有话术,要直击医生的痛点和需求点,这样才能让他们有兴趣参会。那么医生对学术的在意点,无非以下几个方面:

• 安全性:这个技术的安全性怎么样,风险大吗?基层医生是一定要考虑风险的,所以你要说清楚安全性,比如我们的针法不伤及血管和神经,更不会伤及脏器,所以安全性高。

• 有效性:谈了安全性就要说有效性。你的针法为什么有效,说说你的针法的治疗理论。

• 经济性:安全、效果也好,经济性怎么样?这是医生会考虑的一个问题。经济性要从两个方面讲,从医生方面讲成本和收益,从患者的角度讲便宜,有效能治病,双方都收益。

• 患者体验感:这个技术用在患者身上,患者体验感如何?你可以说你的针法,不痛不见血。为什么不痛不见血,你要解释清楚。

• 易学性。这一点也是最重要的一点,这是很多大夫不想参加学术班的一个重点原因。因为他们学不会,学了不敢用,用不了。所以很多人干脆不学了。你要说清楚,你们学习方式是怎么搭建的,确保让他们学习。比如有企业号称"四维一体"学技术:现场学习操练,门诊老师带教,网络学习巩固,后期免费深造。当然,后期的学习虽然是免费的,但是还是会设置一些合理的条件,比如差旅费要自己出,客户不愿意出,那就拿货,业务员出,学费是免的。

• 授课老师如果是大牌,一定要特别介绍,比如什么国医大师,国医名师或者某一领域的大咖,一定要重点突出。

(3) 设计好计划

邀请客户参加学习班的形式很多,但是如果没有设计好周密的邀请计划或者开课方式,邀请就比较费劲。

我们企业邀请客户参加学术会的几个思路：

• 凭客情邀请。客情，是诊所销售的基础。如果你和客户有深厚的客情关系，可能也不会太费劲，这就是纯粹地检验你的客情关系。

• 先圆桌会后学术会。因为大夫对学术不了解，所以邀请参会比较难。那么，我们借助小型圆桌会的机会，让老师的徒弟或者我们公司自己已经学会的学术老师给基层医生展示，让他们了解技术后再做后一步的学术会开班。

• 先巡诊再开班。可以让我们的学术老师或者学会技术的业务员，先到医生的诊所里开展义诊活动，现场展示我们的技术是否好学、好操作。当然，是否有效果，现场患者就给了答案。这样，大夫感兴趣后再参加学术班就容易了。

• 先宣讲再开班。其实就是免费试听半天，觉得好再拿货或者交钱，参加第二天的学习。根据经验，试听的半天最好安排在下午2：00-6：00，安排住宿一夜，一是大夫不会有太多的抱怨；二是我们拉单的时间长，便于打"疲劳战"和"感情战"。

2. 如何开好圆桌会

不是圆桌会难开，不是医生不好请，也不是医生药店老板对圆桌会不感兴趣，而是对你的圆桌会不感兴趣。医生不来参加你的圆桌会，只是因为你的圆桌会吸引力不够，你的安排不到位。

关于圆桌会的一般流程基础知识我就不在本书中赘述，每个企业或者团队基本上都有一个标准动作，我在这里只是讲一些重点供大家参考。

（1）明确会议目的

会议的目的要非常清晰，开这场会是为了卖货签单还是为了产品或者技术培训。

为了卖货签单，就要提前设计好有诱惑力的订单方案。为了学术培训，教育医生处方或者增强医生处方的信心，那么邀约的时候，就不要多邀请那些来吃喝的人或者带着孩子来的人。

我把医生参加圆桌会的目的分两种：一种是来吃喝的；另一种是来学

习的，目标不明确，把这两种人混一起。

（2）做好订单设计

大单小单都要有，但是选择对比不要太多，多了客户就犹豫了。能签大单签大单，不行签小单，尽量不让客户放空。

（3）保证参会人数

会前的邀请要到位，你的会议目的明确了，其实客户来参会需要干什么客户也很清楚，如何保证参会人数，是圆桌会成功的重要因素。我们可以通过医生（老客户）带医生（未合作客户），提前安排接送，协会领导一起来参会，或者当地有影响力的医生来参会等，确保参会率。

（4）将会议开始时间定早点

会议开始时间要定早一点，因为医生一定不会准时参会，太迟、来得晚，会议更没办法开始。来了之后，做好接待工作，来一个医生的时候，业务员要陪同，来两个医生的时候介绍他们互相认识聊天……

注意，刚才说的只是手段，其目的是要告诉大家不要让来了的客户冷场，自己无聊地走来走去可能接个电话就走了。想想，你去参加同学婚礼，发现会场很多人你都不认识的时候那时的心境，你就能理解我为什么让大家这么做。

（5）将玩具作为产品赠品

很多时候，客户可能带孩子一起来，可以准备一些芭比娃娃或者奥特曼等。套路深的业务员还把这些玩具和产品挂钩，比如进100盒××产品送芭比娃娃一个，你说客户的孩子一进来就拆了一个玩具，客户自然就顺理成章地进货了。

（6）多设计游戏，活跃气氛

比如拆红包墙、幸运大转盘、套圈的游戏等。

（7）大领导借机表态

我有个朋友在省总，每次他参加圆桌会就会有五大承诺，比如区域独家经营、可以退换货、对业务员服务不满意可以直接跟他投诉、公司有新品优先给参会的诊所药店做，他们不做才给别人做、价格最优、服务最好等，这些话让客户听的心里舒服。

(8) 现场逼单

订货会答谢会这种类型的会议,客户来的时候就知道是来干什么的,心中都有数,所以你不逼单,吃亏的就是你。

很多时候,我们业务员和客户太熟,不好意思下狠手,那么其他区域的业务员就要来帮助。在开会前,也要准备几个既定客户(榜样客户),出现冷场的时候让他们唱单。

答应进货的客户,一定要现场签字,签了字返回的概率就小。

(9) 做好送客服务

尤其是对喝酒喝多了的、路途比较远的女同志,我们都要多加地照顾。这也是我们获得客户信任、建立客情关系的好时机,也是在推动我们的销售工作向前进。

(10) 会后有跟踪

对于现场成交的客户,做好送货后续服务。现场没有成交的客户,会后大家仍旧要沟通,争取合作。

第六节 医生处方上量八个阶段的销售策略

一个陌生的产品或者一个全新的技术,基层医生从不知道到大量使用是需要一个过程的。在这个过程中,我们可以根据医生处方习惯改变示意图来指导产品或者技术的上量工作(见图10-1)。

第一个阶段,客户"不知道"我们的产品或者技术,我们的主要工作是"扩大产品的知名度",可以通过反复拜访和客户讲解产品的特色、历史、文献资料等,送一些产品的提示物,比如处方笔、桌贴、水杯、台历等让客户了解我们的产品和技术。

第二个阶段,客户"知道"我们的产品或者技术,我们要"增强客户的兴趣",我们可以讲趋势、讲政策,讲当下的经营环境来展示出我们产品或者技术的差异性和经济效益,按照我们前文中提到产品的安全性、有效性、经济性、可操作性等展开。

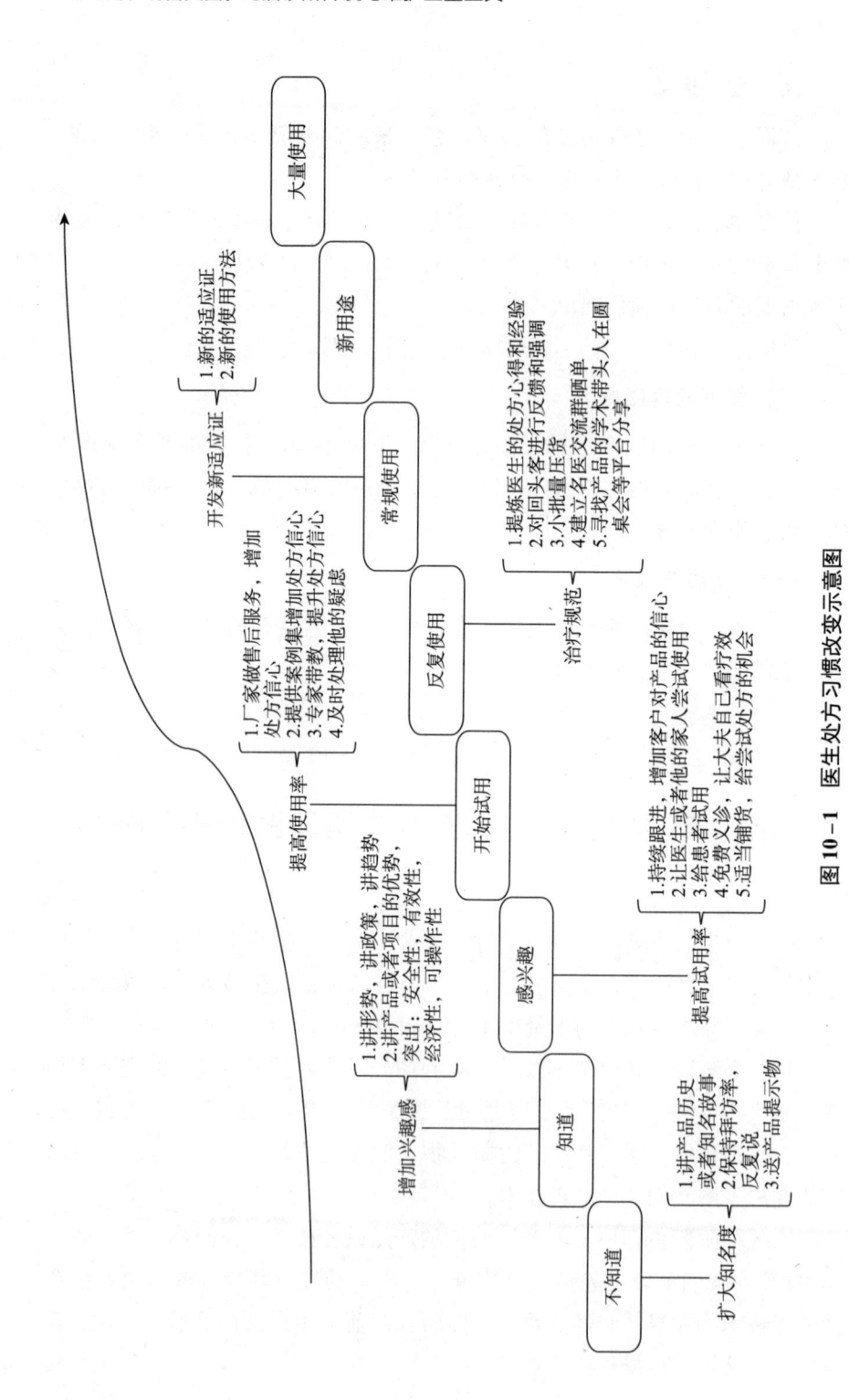

/ 医药代表销售突围：药店诊所开发与维护上量宝典 /

图 10-1 医生处方习惯改变示意图

不知道 → 知道 → 感兴趣 → 开始试用 → 反复使用 → 常规使用 → 新用途 → 大量使用

扩大知名度：
1. 讲产品历史或者知名故事
2. 保持拜访率，反复说
3. 递当产品提示物

增加兴趣感：
1. 讲形势、讲政策、讲趋势
2. 讲产品或者项目的优势，突出：安全性、有效性、经济性、可操作性

提高试用率：
1. 持续跟进，增加客户对产品的信心
2. 让医生或者他的家人尝试使用
3. 给患者试用
4. 免费义诊
5. 适当铺货，让大夫自己看疗效，给尝试处方的机会

提高使用率：
1. 厂家做售后服务，增加处方信心
2. 提供案例集增加处方信心
3. 专家带教，提升处方信心
4. 及时处理他的疑惑

治疗规范：
1. 提炼医生的处方心得和经验
2. 对回头客进行反馈和强调
3. 小批量压货
4. 建立名医交流群聘请
5. 寻找产品的学术带头人在圆桌会等平台分享

开发新适应证：
1. 新的适应证
2. 新的使用方法

218

第三个阶段，客户对我们的产品或者技术"感兴趣"，我们要"提高试用率"，可以通过培训让客户知道可以用在哪些适应证，可以给客户或者患者一些试用装，让大家来体验。厂家可以开展免费的义诊等活动来提高客户的试用率。客户质量比较好的，可以给适当的铺底货，也是给彼此一次合作的机会。

第四个阶段，客户"开始试用"我们的产品和技术，我们要"提高使用率"，我们可以提供典型病例分享，圆桌会交流用药经验，拜访中举别的客户的用药心得，等等。这个过程中，如果客户对产品有疑虑，我们一定要重视起来，妥善处理。

第五个阶段，客户"反复使用"我们的产品和技术，我们要"治疗规范"，鼓励医生分享处方心得和经验，建立名医交流群在群里交流，开圆桌会的时候让带头医生发言，我们在这个时期，可以给客户适当的压货。

第六个阶段，客户"常规使用"我们的产品，我们可以通过扩大适应证或者转换使用方法来提高产品的销量。但是不管是扩大适应证还是转换使用方法，一定要有效，要有科学依据，要是效果不好，有可能还起到反作用。

我们一定要结合自己产品或者技术的特殊情况，结合医生处方习惯变化的推进图，在不同的时期做一些针对性工作，来为产品或者技术的最终上量做铺垫。

第七节　通过数据分析提高销量

不会做销售数据分析的销售人员是只会打仗不会算账的业务员。

通过数据分析，我们可以知道我们哪些产品卖得好，哪些产品卖得不好，哪些产品是拳头产品，哪些产品是馒头产品，哪些产品是窝窝头产品，哪些产品是旺仔小馒头。

通过数据分析，我们可以知道哪些客户卖得好、哪些客户卖得不好。

通过数据分析，我们可以知道，哪些客户欣欣向荣，哪些客户已经很久不进货了等，还有就是找出短板，找出成功的经验，指导下一阶段工作的方向等内容。做一次数据分析，就是对我们的区域市场做一次体检，找出我们的市场哪里出了问题。

谈到数据分析，首先是数据的来源，包括内部数据和外部数据。内部数据我们产品销售的相关数据；外部数据，即竞品和关联产品的销售数据。

1. 内部数据分析

如果你的主品突出，想做精细点就用表10-1，你的产品多，考核整体销量就用表10-2。

表10-1 销量追踪表一

销量追踪表						
客户名称	1月			2月			……
^	产品甲	产品乙	产品丙	产品甲	产品乙	产品丙	……
A							
B							
C							
D							
……							

表10-2 销量追踪表二

销量追踪表							
客户名称	1月	2月	3月	4月	5月	6月	……
A							……
B							
C							
C							
E							
……							

如果你主做的是几个单品，想关注每个单品的动向，可以做一个简单的表格（见表10-3）。

表 10-3　单品追踪表

单品追踪表								
品种	1月	2月	3月	4月	5月	6月	……
A							……
B							
C							
C							
E							
……							

把相关的数据填进去，填完之后做解析，得出结论。

（1）整体销量的分析

这个月我们的任务是多少，实际完成了多少。没有完成的原因是什么，超额完成的原因是什么。找原因的时候，多找主观原因，而不是找客观原因，找天气原因，找客户原因，找网络低价的原因。抱怨问题是本能，解决问题才是本事。问问自己够不够努力，方法对不对。

同比，这个月的销量表现如何？所谓同比，就是 2018 年 11 月的销售数据和 2017 年的销售数据的比较，是上涨、持平还是下降，原因是什么？

环比，这个月的销量表现如何？所谓环比，就是 2018 年 11 月和 2018 年 10 月的销售数据的比较，是上涨、持平还是下降，原因是什么？

在环比中，我们要注意，你是否有压货的行为，比如你上个月压了 3 个月的量，后面的 2~3 个月，客户的进货量自然不大。这时候，你要看动销如何，你压了 3 个月的量，卖了 3 个月，这样的压货行为就无效，你压了 3 个月，客户 2 个月卖完，这就不错。

当然，环比中，有些产品可能受季节的影响比较大。比如解暑类产品 6—8 月和 9—11 月的销量可能差异很大。销售淡季一般用同比，和去年的同时期比增长了没有；销售旺季我们用环比，和上个月相比增长了没有。

（2）单个客户的销量分析

这个客户这个月目标是多少，实际完成多少？和上个月对比是上升、持平还是下降？采用环比和同比的方法。

在单个客户销量的分析中，大家一定要注意，对于连续3个月不拿货的客户要重点分析原因，为什么客户不进货了？是自己忽略了客户，还是客户卖别的厂家产品。

(3) 和同事销量的分析

你既要关心自己，也要关心的同事。他做的比你好，是什么原因，是拜访比你勤，还是有更好的方法，做的没你好，是犯了什么错误。千万不要把所有的原因都当作客观原因，比如他的市场比你好，或者没有你好。

2. 客户分析

客户分析是要做好这四个字的分析"大，小，多，少"。

所谓的"大"，通过销量分析，知道哪些客户是我们的大客户，我们该如何锦上添花，让他做得更好，并且能够扎紧篱笆，不让竞品侵入，能不能月月有动销主题，月月有动销方法。让强者更强。

所谓的"小"，通过销量分析，发现这个客户目前是我的"小客户"，我们如何做，让他烧得旺起来，让弱者变强。

我希望每个月，我们的销售人员能够至少定出两家客户做重点突破，多花一些费用和精力在他们身上，找一家大的，找一家小的，一起突破。

所谓的"多"，这个月你的客户数量有没有增加，增加的是哪几家，是怎么增加的，主动找上门的，还是客户推荐的，还是在路边陌生开发的，目前业绩怎么样。大家一定要把客户开发作为一项长期的工作，因为每年都会有一部分客户不与我们合作。

所谓的"少"，这个月哪个客户彻底放弃我们，为什么。

最后，我们来谈谈如何做外部数据分析，外部数据主要来源我们的客户，竞品和关联产品的数据怎么获得？讲故事，问客户要。

3. 外部数据分析

(1) 自己的产品数据，就是连锁的销售流向

你拿到后做个排序，看哪些门店卖你的货多，这些门店有什么共性，比如店员利益分配到位了、培训到位了、拜访深度到位了等。找出的共性越多，你就越清晰，然后到其他门店复制。

（2）竞品的数据

最好是和你同一体量的竞品比，研究除了品牌，还有什么动作值得你学习和效仿，为什么同样的方法，在另一个连锁店不行，你能不能去复制。

比你体量小的，要想办法多抢占他的份额，吸取他的教训。

（3）关联产品的数据

这是最重要的，我们可以拿到关联产品的销售数据进行"对标"，比如某企业的维生素 D，它能够促进钙的吸收，假设药店一个月卖 1000 盒钙，如果匹配我 800 盒维生素 D 我给你什么样的奖励，匹配 1200 盒我怎么奖励，等等。我在做××肿痛酊的过程中，和口服药的匹配、和外用膏药的匹配都取得了比较好的效果。

通过以上讲解，一个业务员每个月只需要花 2~3 个小时，对你的市场进行一次体检，就可以找出下一步努力的方向。

第八节　如何发现新的动销方法

产品在终端绝对不会无缘无故卖得好或者卖得差，一定有原因。所以找到卖得好的原因，就是在寻找产品快速上量动销的方法，我们可以从以下几点中找到原因：

1. 问老板

让老板只用一句话说出消费者选择你而不选择竞品的理由，这句话一定是你的品牌在市场取得优势的根本原因。

在 OTC 销售中的运用，其实就是找产品或者服务的差异性。针对药店、诊所老板，一句话让药店、诊所老板选择和你合作而不是和竞品合作。针对患者，一句话为什么要用你的产品而不是选择竞品？比如退热药，可能会说你的产品"退热不反弹"，值得大家思考。

2. 寻找销售冠军

销售冠军之所以能够成为销售冠军，一定是他有意无意间对消费者说对了什么，掌握了能够快速拨动用户心弦的技巧。

在培训中经常提到这个办法，从两个层面来讲：

首先，开发客户的层面。当你觉得客户开发难的时候，一定有人能拿下这个客户，他们用哪句话、哪种方法打动客户，使客户愿意进货，我们要学习。

其次，从店员推荐和医生处方的角度来讲，店员卖得好也有原因，我们要提炼出来。医生处方也是同样的道理，医生为什么愿意处方这个产品，他们都卖给了哪些患者，提炼出来后快速复制，告诉其他店员和医生，让大家掌握这个方法。

3. 访谈忠实用户

听听他是如何向别人推荐你的品牌的，他一定有一个选择你而不选择别人的理由（无论是功效的还是情绪的）。经常购买我们产品的消费者或者大疗程购买我们产品的消费者，我们要进行追踪，他为什么选择我们的产品，他是如何向别人推荐的。

在OTC的销售中，我们始终要坚持把打造样板和从样板中寻找动销的规律作为重要内容。样板客户、样板市场、样板业务员、样板终端、样板店员/医生、样板消费者六个样板的打造对OTC终端动销工作有重要意义。

第十一章

医药互联网：创造价值、服务患者

2020年新冠肺炎疫情大暴发如同催化剂，加速了医药互联网化的进程，医药电商的规模和渗透率进一步提升，医药新渠道崛起的背后，是医药销售模式及消费者心智和行为的改变。

医药互联网的形式包括：B2B（企业对企业）如药师帮、小药药、医药终端网等平台；B2C（企业对消费者）如阿里健康、京东健康，以及在淘宝、京东、拼多多、药房网商城上开店的药店和连锁药店自建的一些平台；O2O如美团、饿了么等，以及互联网医院如知名的平安好医生、微医等平台、医药社群等。

第一节 医药互联网的发展概况

据不完全统计，2020年医药电商直报企业销售总额达1778亿元（含第三方交易服务平台交易额），占同期全国医药市场总规模的7.4%。

其中，第三方交易服务平台交易额708亿元，占医药电商销售总额的39.8%；B2B（企业对企业）业务销售额1003亿元，占医药电商销售总额的56.4%；B2C（企业对顾客）业务销售额67亿元，占医药电商销售总额的3.8%。

第三方交易服务平台业务中移动端占47.6%，B2B业务中移动端占11.9%，B2C业务中移动端占72.9%。订单总数11166万笔，其中第三方交易服务平台订单数3866万笔，订单转化率97.9%；B2B订单数2767万笔，订单转化率96.0%；B2C订单数4533万笔，订单转化率96.2%。

第三方交易服务平台网站活跃用户量 51 万；B2B 网站活跃用户量 59 万；B2C 网站活跃用户量 4953 万，平均客单价 229 元，平均客品数约 11 个。B2B 日出库完成率 97.0%，B2C 日出库完成率 99.4%。B2B 电商业务费用率 7.3%，B2C 电商业务费用率 16.3%，均高于行业平均费用率。

B2B 与 B2C 销售结构差异较为明显，B2B 业务主要集中在西药类，其次是中成药；而 B2C 业务主要集中在西药类、医疗器械类，其次是其他类。

第三方交易服务平台企业 5 家，仅有 B2B 业务的企业为 74 家，仅有 B2C 业务的企业为 61 家，兼有 B2B 和 B2C 业务的企业为 15 家。

其他类包含保健品类、化妆品及个人护理用品、计划生育及成人用品等。

根据中康 CMH 购药行为线上调研数据显示，新零售人群的医药"触电"渗透率超过 60%，O2O 送药到家达到 67.4%，医药 B2C 的渗透率达到 57.5%。

根据米内网报道的数据：2021 年我国网上药店市场药品销售额达 368 亿元，同比增长 51.49%。从药品类型分布来看，化学药市场份额最大，2021 年占比为 60.48%。从 OTC/RX 类型分布来看，RX 市场份额最大，2021 年占比为 65.4%。

2021 年我国网上药店市场化学药总体销售额达 222.75 亿元，其中份额最大的是"消化系统及代谢药"，占比约为网上药店化学药总体销售数据的四分之一，其次是"生殖泌尿系统和性激素类药物"。

2021 年我国网上药店市场中成药总体销售额达 109.84 亿元，其中份额最大的是"消化系统疾病用药"，占比约为网上药店中成药总体销售数据的 2 成，其次是"心脑血管疾病用药"。

第二节　B2C 和 O2O 渠道购药的区别

网上药店的发展经常出现低价销售行为，影响市场公平的竞争环境，冲击了线下市场，很多销售人员对此非常反感，抵触药品网上销售。我的观点是，我们要做的是如何拥抱互联网，在渠道和既得利益不冲突的情况下，线上线下协同发展，拓展更广的市场。

网上药店购药，B2C 和 O2O 的区别在于消费者在 O2O 渠道按需购买，而在 B2C 渠道爱"囤药"。

中康资讯对 2000 多名在线上零售渠道购药的消费者进行统计后发现，触发消费者在 O2O 渠道购药的原因主要有六点：

一是解决"紧急"需求，自己不方便购药时可以 30 分钟内送药上门。

二是"懒"，追求购药的便利性。

三是可以解决"缺货""缺店"问题。

四是满足深夜购药需求。

五是避免购买较隐私药品的尴尬，如紧急避孕药等。

六是部分消费者在 O2O 上购药是由于平时点外卖习惯的迁移。

而驱动医药 B2C 消费的主旋律同样包含"私"和"缺"。

"私"指的是购买隐私类药物，如脱发类、去脚气、治疗打鼾等药品，线下购买比较"尴尬"。

"缺"一方面指的是缺店，城郊区域线下药房少，步行距离较远；另一方面指的是线下缺货驱动，如在 B2C 平台能买到药房缺少的进口药品或一些处方药。

相对于 O2O 的"急"，消费者在 B2C 渠道趋向于"缓"，购买非急用日常用药、家庭常备药的囤货、网上凑单购买等。

除此之外，打折促销活动、App 弹窗广告吸引等推广也是驱动消费者在 B2C 渠道购药的原因。

根据以上数据，大家知道该如何选品和布局网上零售药店的销售。

第三节　新零售动销的注意事项

做网上药店绝对不能简单地把产品图片搬到网上，配上一个低价就可以了。要想产品做出销量，需要关注好以下几点注意事项：

1. 渠道和价格管控好

价格管控是价值链重构的核心举措，无利可图的事情无人会做。而和线下管控价格一样，管理好渠道是管理价格的前提。归拢好渠道，制定好游戏规则，相互监管是保障。

归拢好渠道，首先要布局好渠道，是做阿里巴巴和京东的自营渠道，还是自己在平台上开旗舰店，还是指定几家网店龙头操作，还是做O2O平台的切入，还是做社交平台，还是做互联网医院，在这些渠道的选择上首先要布局清晰。

理想的状态是线上线下和谐发展，线上渠道有序竞争。

2. 做好核心关键词的搜索，让消费者能快速匹配到你的产品

比如品牌、适应证、人群、产品名称等关键词，抢增量夺存量。

3. 做好关联销售

因为在网店购药，完全是消费者的自主行为，其他人员干涉很少，所以我们增加同类产品的关联销售来吸纳联合产品的流量，或者用联合产品的流量来带动产品销售。

4. 定价策略优化

与主流竞品差异化定价，以吸引不同客单价的人群。

> 5. 指定套餐策略，打造疗程套餐销售，提高产品的客单价

增加同一产品不同销售 SKU，可以增加铺货，增加产品在页面的展示，以吸引不同消费能力的消费者。

第四节 医药互联网的未来

有人说，医药互联网的终点是卖药，这一点我并不否认，但是我认为，绝对不是把图片搬到网上做低价竞争，抢占线下的市场存量。如果是这样的畸形发展模式，我觉得医药互联网走不长也走不久。

互联网医疗已成为医药数字化营销必不可少的场景。京东健康 CEO 金恩林说："互联网以'连接器'的属性，让药品和医疗服务实现了无差别可及。依托医药电商、互联网医院等直接面向大众进行患者管理和教育，可用更低的成本、更高的延展性，为患者提供信息服务、药事服务、医疗健康服务，也可让医生学术营销更加精准、有效。"

京东健康认为医药数字化营销原则和方法论是"在可及性的基础上解决拉新和复购的问题"。在这一方法论指导下，京东健康进行了精准数据营销、疾病教育、线上学术营销、在线处方、创新升级、疾病教育、药事服务、药师/医生主动管理、家庭医生等一系列动作。

所以我认为，医药互联网，不仅仅是卖药，有更多可以创造价值和服务消费者、患者的地方，也只有能够创造出价值，才能够让医药互联网更加有意义。

例如利用互联网技术，进行慢病患者的管理。数字化患者管理是提升患者生活质量和五年生存率的重要手段。有研究显示，接受精细化管理的晚期癌症患者，耐受化疗时间相对延长，去急诊室就诊的次数也会随之减

少，比接受标准离院管理的患者平均多活5个月。

但由于过度依赖人力，缺乏合适的工具、平台，要想有效地进行院外患者管理并非易事。京东健康正在探索如何高效、低成本地进行患者管理。

在糖尿病管理领域，京东健康与药企、器械厂商等合作伙伴，共同打造了糖尿病患者线上诊疗规范化路径，形成覆盖患者旅程的线上服务标准。

京东健康在糖尿病领域有深厚的沉淀，有接近2000万糖尿病用户标签和1.5万名内分泌医生，以及超过500万的年度血糖仪销量。基于海量用户和良好交互体验，京东健康整合形成了慢病数据资源池，通过血糖仪和手环等智能硬件、医生管理平台、患者端公众号/小程序，打通问诊数据和测量数据，基于患者的健康数据开展线上慢病管理。